Christopher Titmuss

Angst verlieren – Freiheit finden

Christopher Titmuss

# Angst verlieren – Freiheit finden

## Sinnlose Tragödien aus spiritueller Sicht

Aus dem Englischen von Traudel Reiß

Tushita Verlag
Edition Buddha Direkt
Duisburg 2013

Copyright © des englischen Originals: 2002 Godsfield Press Ltd
Text Copyright © des englischen Originals: 2002 Christopher Titmuss
Originaltitel: *Transforming our Terror. A Spiritual Approach to Making
Sense of senseless tragedy*
Christopher Titmuss im Internet: www.insightmeditation.org


**Bibliografische Information der Deutschen Bibliothek:**
Die Deutsche Bibliothek verzeichnet diese Publikation in der Deutschen
Nationalbibliografie; detaillierte bibliografische Daten sind im Internet über
http://dnb.ddb.de abrufbar.2


2. Auflage 2013
Copyright © der deutschen Ausgabe by Tushita Verlag GmbH Duisburg 2013
Alle Rechte vorbehalten.


Tushita im Internet: www.tushita.com und www.tushita-buch.de


Übersetzung und Layout: Traudel Reiß
Covergestaltung: artwork studios
Coverfoto: shutterstock (R) Darius Pabrinkis
Gesamtherstellung: TUSHITA Verlag GmbH


ISBN 978-3-86547-008-9

*Schreckliche Trauer und Schmerzen können zu jeder Zeit plötzlich über unser Leben hereinbrechen. Das Verhalten und die Handlungen von anderen können uns unvorstellbares Leid zufügen. Auch wir können andere oder uns selbst durch unvorsichtiges Handeln oder absichtlich schädigen. Wir tragen die Verantwortung dafür, gemeinsam die Ereignisse, die in unserem Leben zu tiefem Leiden führen, so zu transformieren, dass unser Geist friedvoll wird und wir alle sicher sind. Die Absicht dieses Buches besteht darin, Wege in Erfahrung zu bringen, wie Leiden aufgelöst werden kann, unabhängig von den Umständen, unter denen es entstanden ist. Mein tiefstes Mitgefühl gilt denjenigen, die durch die Hölle gehen, welcher Herkunft oder Nationalität sie auch angehören. Mögen alle Wesen ein erwachtes Leben führen!*

Christopher Titmuss

# Inhaltsverzeichnis

# Einführung

Im August gelang es mir, den letzten verfügbaren Platz auf einem Flug von London nach San Francisco zu buchen – für Dienstag, den 11. September 2001.

Am vorhergehenden Wochenende hat mich in den Niederlanden freundlicherweise ein Freund zu dem Dorf Westerbork gefahren, wo vor ungefähr 60 Jahren die nationalsozialistische Armee befohlen hat, dass mehr als 100.000 holländische Juden in ein Durchgangslager gebracht werden sollten. Nach Tagen, Wochen oder Monaten im Lager wurden die Juden auf Viehwaggons verladen, die nach Polen in die Konzentrationslager fuhren. Ich wollte Westerbork besuchen, weil ich über die Jahre hinweg immer wieder ein Buch gelesen hatte. Es handelte sich um die Amsterdamer Tagebücher und Briefe einer 27-jährigen Jüdin namens Etty Hillesum aus Westerbork. Sie war unbeirrt entschlossen, mit Leidenschaft, Reflexion und in Freiheit zu leben. Ettys Durchhaltevermögen und ihre Charakterstärke angesichts von Unsicherheit, Gefahr und Tod haben mich stets inspiriert.

Auf dem ausgebuchten Flug nach San Francisco erneuerte ich meine Verbindung mit Etty, indem ich eine Ausgabe ihres Buches las, die ihre Tagebücher mit ihren Briefe kombinierte. Von einer Stelle war ich besonders angetan. Darin beschrieb Etty ihre Reaktion auf ein Gespräch mit einem arroganten Gestapo-Offizier, der ihr mit der Drohung »sie später zu sehen« Angst machen wollte. Etty schrieb, dass die Gestapo »mehr Angst vor uns (den Juden) hatte, als wir vor ihnen haben mussten.« Ihre Worte machten klar, dass sie sich ihrer eigenen Angst so sehr gestellt hatte, dass die Nationalsozialisten keinen Schrecken mehr für sie darstellten. Die Besatzungsarmee konnte sie zwar ihrer äußeren Freiheit berauben, aber kein äußeres Ereignis vermochte es, ihr die geistige Freiheit zu nehmen. Mein Versunkensein in das Buch wurde plötzlich unterbrochen, als – nach fünf Flugstunden und kurz vor Eintritt in den amerikanischen Luftraum – der Pilot über die Bordsprechanlage bekannt gab, dass wir nach London umkehren müssten. »Alle Flughäfen in den Vereinigten Staaten sind wegen Terrorismus geschlossen«, sagte er. »Mehr können wir Ihnen im gegenwärtigen Moment nicht mitteilen.«

Inzwischen schaltete meine 20-jährige Tochter Nshorna zu Hause den Fernseher ein und sah die Nachrichten über die Flugzeugentführung und den Aufprall der vier Passagiermaschinen, einschließlich eines Flugzeuges mit dem Ziel nach San Francisco. Sie wusste, dass ich an diesem Morgen nach San Francisco fliegen würde, aber nicht, mit welcher Fluglinie. Der Bericht ließ sie in Sorgen und Tränen ausbrechen. Es dauerte länger als zwei Stunden, bis sie herausfand, dass ich mich auf einem Virgin Atlantic-Flug befand, der gerade nach London zurückflog. Nshornas ängstliche Ungewissheit erscheint bedeutungslos im Vergleich zu dem Trauma und der Verzweiflung Zehntausender, die an diesem Tag geliebte Menschen verloren haben. In Nshornas Fall hat die beruhigende Stimme eines Beschäftigten der Fluglinie ihren Kummer aufgelöst. Jedoch hätte dieselbe Stimme auch etwas ganz anderes mitteilen können. In jedem Moment kann für alle von uns Erleichterung oder Trauer von einem Wort abhängen.

Im Laufe unseres Lebens hegen wir verschiedene Pläne und Träume, wie wir unsere Situation verbessern können, und bilden Hoffnungen und Visionen. Die wirkliche Welt mit ihren dramatischen und unerwarteten Ereignissen geht meistens an uns vorüber, als ob die täglichen Nachrichten zu einer anderen Sphäre gehören würden, die mit unseren persönlichen Angelegenheiten nichts zu tun hat. Als ob wir es uns nicht leisten könnten, unser Bewusstsein jenseits des Bekannten und Vertrauten auszudehnen.

Manchmal können wir kaum einen dramatischen Moment in einem Film ansehen, geschweige denn mit Ereignissen in der realen, äußeren Welt umgehen. Vielleicht haben wir schon einmal an ein unerwartetes Ereignis gedacht, wie an einen Autounfall, an einen Hausbrand, an einen zerstörerischen Sturm oder an ein Erdbeben, und darüber spekuliert, wie wir damit zurechtkommen würden. Doch spüren wir, dass uns nichts auf den Schock und den Schrecken vorbereiten kann, wenn plötzlich ein unvorstellbares Ereignis über unser alltägliches Leben hereinbricht. Wir scheinen kaum dafür gerüstet zu sein, mit Tragödien umzugehen.

Aber in jedem Leben scheinen sich drastische Umstände ganz unvorhergesehen zu ergeben, die das ganze Leben auf den Kopf stellen und seine Einzelteile dramatisch verstreuen. Durch vergangene und gegenwärtige Ereignisse sowie durch unsere Furcht davor, was in Zukunft geschehen könnte, tritt panische Angst ungebeten und unvorhergesehen in unser Leben.

Angesichts des Alptraums einer solchen Katastrophe versucht das Innenleben, dem Geschehen einen Sinn zu verleihen und sucht einen Weg, um den Zusammenbruch unserer Existenz zu bewältigen. Gewalttätigkeit, Missbrauch, Wut, Ausbeutung, Entzug und schmerzhafte Verluste können eine Reaktionskette bei uns entfachen, die uns in ein psychologisches, mit Sorgen beladenes Gefängnis einschließen.

Was kann uns in solchen Zeiten helfen? Dieses Buch erforscht die Möglichkeiten, wie wir mit plötzlichem Unglück zurechtkommen können. Dabei stützt es sich auf alte und zeitgenössische Weisheiten aus dem Buddhismus, dem Christentum, dem Judentum und aus dem Islam mit dem Ziel, dass wir das Unbegreifliche verstehen lernen. Es verfolgt drei Ziele:

Als erste Absicht will dieses Buches einen spirituellen Ansatz erforschen, der einer sinnlosen Tragödie oder einem tragischen Ereignis einen Sinn verleiht. Es hält den Vorschlag für besser, mit unbeantwortbaren Fragen zu leben lernen, als tröstliche Antworten zu finden. Als Beispiel für diesen Prozess stützt es sich auf neuere internationale Ereignisse, besonders auf die tiefe Kluft zwischen dem Westen und der islamischen Welt, die für unsere Zeit symbolisiert, wie die Trennung zwischen den Kulturen gegenseitige Angst und Misstrauen hervorrufen kann. Wenn wir in unseren persönlichen Beziehungen eine ähnliche Entzweiung erleben, zwängen wir oft andere – sowohl Individuen als auch die Gesellschaft – in ein Klischee. Solche Reaktionen beeinträchtigen unsere Fähigkeit, uns des ganzen Bildes ohne Scheuklappen, die von trennenden Gefühlen, Wahrnehmungen und Erinnerungen herrühren, bewusst zu sein.

Als zweite Absicht untersucht dieses Buch, wie wir emotional mit panischer Angst, Traurigkeit, Kummer, Verzweiflung, Ärger, Hass und dem Wunsch nach Vergeltung umgehen. Es schlägt vor, tragische Erfahrungen so umzuwandeln, dass wir die Existenz ganz neu betrachten können. Eine wesentliche Lehre dieses Buches besagt, dass wir weder andere noch uns selbst verändern können, indem wir denjenigen Schaden zufügen, die uns verletzt haben. Denn eine auf Vergeltung ausgerichtete Mentalität erschwert immer authentische und dauerhafte Veränderung.

Die dritte Absicht dieses Buches besteht darin, jüngere Ereignisse so zu erhellen, dass wir sie auf transzendente Art verstehen können und wir durch das Erkennen von uns selbst gleichzeitig andere erkennen können. Es lädt uns dazu ein, die jüngeren Geschehnisse in der Welt so zu transformieren, dass uns – vielleicht zum ersten Mal – bewusst wird, dass wir mit jedem anderen mehr gemeinsam haben, als uns trennt. Wir sind alle dazu fähig, das Leben in seiner ganzen Vollständigkeit – mit seiner Schönheit und seinem Schrecken – anzunehmen. Bei tragischen Vorfällen können wir mit Überlegung und Gewissensprüfung eine Perspektive entdecken, die sich bis zum Kern unseres Seins auswirkt.

Ich hoffe, dass diese Untersuchung der jüngeren Ereignisse deine Ansicht über vorhersagbare und nicht vorhersagbare Lebenserfahrungen verändern wird. Dieses Buch lädt dich dazu ein, dich jenseits der vereinfachten und oft unhinterfragten Überzeugungen, die deine Wahrnehmung färben, zu begeben. Dann versteckst du dich nicht mehr hinter Gut und Böse und bemühst dich darum, die negative Konditionierung, die eine täuschende Wahrnehmung in den Wunsch nach Vergeltung münden lässt, zu überwinden. Stattdessen gehst du die Ursachen und Bedingungen an, die furchterregende Ereignisse auslösen. Du erkennst, dass die Antworten auf tief gehende Lebensfragen außerhalb der typischen Schlussfolgerungen aus persönlichen und internationalen Katastrophen liegen.

Wenn wir aus der jüngeren Geschichte lernen können, dann werden wir nicht dazu verdammt sein, sie zu wiederholen und weder andere noch uns selbst in Verzweiflung zu stürzen oder sie zu beschimpfen. Etty Hillesum und andere wie sie erinnern uns an die außergewöhnliche Kraft des menschlichen Geistes, mit der wir Angst transzendieren und an Katastrophen wachsen können. Wenn wir den Mut und die Entschlossenheit aufbringen, unsere panische Angst in Verständnis und Weisheit zu verwandeln, dann können auch wir andere inspirieren. Ich glaube, das ist der einzige Weg in die Zukunft.

*Christopher Titmuss, Devon, England*

## Reflexionen und Meditationen

In jedem Kapitel gibt es Übungen, Reflexionen und Meditationen, die verschiedene Arten von Angst und Schrecken zu transformieren helfen. Für die Reflexionen und Meditationen sollten wir einige grundlegende Prinzipien beachten.

- Finde eine ruhige Zeit, entweder zu Hause oder außerhalb an einem stillen Ort, zum Beispiel in einem religiösen Gebäude.
- Sitze mit aufgerichtetem Rücken, entweder auf einem Stuhl oder mit gekreuzten Beinen auf dem Boden.
- Entspanne deinen Geist und Körper, während du einige Male bewusst ein- und ausatmest.
- Lies jede Aussage oder Frage langsam und leise (oder auch laut, wenn du magst). Nimm dir so viel Zeit, wie du benötigst. Lass jeden Satz tief in dich einsinken. Lass die Wahrheit dein Herz berühren.

Höre bei diesen Übungen in Form von Fragen auf jede innere Antwort, beobachte jede Reaktion und nimm jede Wertschätzung bei deiner Antwort zur Kenntnis. Wenn ein Satz oder ein Thema eine innere Saite berührt, dann geh dahin zurück. Betrachte diese Übungen als eine Kraftquelle für dein tägliches Leben. Für manche Menschen kann eine bestimmte Praxis oder Meditation ein wichtiger Meilenstein in ihrem Alltag sein.

# 1  Trauerarbeit

*Man lasse die Vergangenheit nicht wieder
aufleben und baue seine Hoffnung nicht auf
die Zukunft, denn die Vergangenheit ist
vorbei und die Zukunft noch nicht da.
Stattdessen erkenne man einsichtsvoll,
was in der Gegenwart entstanden ist.
Dies wisse man, und man sei sich sicher,
unüberwältigt, unerschütterlich.*
Der Buddha, Mittlere Sammlung, 131

Schreckliche Ereignisse – wie die vom 11. September 2001
in New York, Pennsylvania und Washington – und ihre
Nachwirkungen können Menschen auf radikale, jedoch sehr
unterschiedliche Arten betreffen. Wie wir auf derartige Katastrophen reagieren, hängt in hohem Maß von unseren inneren
spirituellen Ressourcen ab. Drei sehr verschiedene Geschichten
von Menschen, die in die Ereignisse vom 11. September 2001
und ihren Folgen verwickelt waren, können uns veranschaulichen, wie weit auseinander die Reaktionen angesichts entsetzli-
cher Tragödien liegen.

## Pete und Micky: Geschichten von Feuerwehrmännern

Pete, ein New Yorker Feuerwehrmann von der Wache der 29ten
Straße, berichtete (The Observer, England, 21. Oktober 2001):
»Noch drei Tage danach war ich ein emotionales Wrack. Ich
weinte beim geringsten Anlass. Drei oder vier Tage später kam
ich zur Arbeit zurück. Die Gelegenheit, sich ein wenig mit der

Suche zu beschäftigen, war die beste Therapie. Es ist schwer, in einer Wache zu arbeiten, in der wir so viele Kollegen verloren haben. An dem besagten Morgen habe ich mit jedem von ihnen gesprochen, als wir Kaffee tranken und uns überlegten, was wir zum Mittagessen zu uns nehmen würden. Dann kam der Einsatzbefehl, und wir dachten alle: ›In Ordnung, wir sehen uns später.‹ Das war's dann. Sie sind gestorben, und ich hätte leicht einer von ihnen sein können.«

Micky, ein anderer Feuerwehrmann von derselben Station, sagte: »Ich vermute, dass ich zwei oder drei Stunden lang in dem Gebäude feststeckte. Ich erinnere mich daran, dass ich um 14 Uhr zum ersten Mal auf meine Uhr schaute. Es ist erstaunlich, dass die Uhr überstand bis auf das Plastikarmband, das beschädigt wurde. Ich weiß nicht, wie sie uns gefunden haben, aber plötzlich waren einige Menschen oberhalb von uns. Sie mussten ein Rettungsseil anbringen, um herunterzukommen. In meiner Bedrängnis dachte ich, dass, wenn ich jemals wieder herauskäme, woran ich nicht geglaubt habe, ich nie wieder einen Fuß in eine Feuerwache setzen würde. Aber ich entschloss mich, mir das noch einige Monate anzusehen. Vor dem 11. September wollte ich ursprünglich ein Jahr später in Ruhestand gehen, weil ich diese Arbeit dann 25 Jahre getan hätte. Jetzt will ich nur noch einen Tag nach dem anderen leben. Aufgrund meines Erlebnisses vom 11. September möchte ich nichts mehr entscheiden, was den ganzen Rest meines Lebens betrifft.«

»Es klingt vielleicht seltsam, aber diese ganze Sache hat in mir so ein Gefühl erzeugt, dass ich nun niemandem und nichts mehr gegenüber verpflichtet bin. Auf eine bestimmte Weise fühle ich mich frei, so als könne ich tun, was ich will. Ich fühle, dass ich nicht länger Dinge tun muss, von denen ich denke, dass ich sie erledigen müsse. Jetzt muss ich gar nichts mehr tun. Ich fühle mich so frei, einen Tag nach dem anderen zu leben. Ich erkenne, wie kurz das Leben ist.«

## Die Familie Rodriguez

Die Eltern von Greg Rodriguez aus New York, einem der jungen Männer, die in den Zwillingstürmen des World Trade Centers gestorben sind, sagten: »Wir hören genug Nachrichten, um zu spüren, dass unsere Regierung in Richtung gewalttätiger Rache geht, mit der Aussicht, dass Söhne, Töchter, Eltern und Freunde in entfernten Ländern sterben, leiden und ihren Groll uns gegenüber weiterhin pflegen. Das ist nicht richtig, auch nicht im Namen unseres Sohnes.«

Die Familie Rodriguez drückt eines der tiefsten menschlichen Gefühle aus, nämlich Einfühlungsvermögen. Sie haben erkannt, dass sich ihre eigenen Sorgen und die von anderen nicht unterscheiden. Mit diesem Verständnis konnten die Eltern von Greg gegenüber den Journalisten, den Familienmitgliedern und Freunden ihre Sorge für andere in einem anderen Teil der Welt ausdrücken.

## Die Familie Ahmed

Die Familie Gul Ahmed – Ehemann, Ehefrau und sieben kleine Kinder – lebten in einem Vorort von Kabul. Die Kinder spielten miteinander, lachten und neckten sich gegenseitig, wie es Kinder gerne tun, und waren sich des Terrors um sich herum meistens nicht bewusst. Dann kamen die Bomben. Ahmeds Frau überlebte den Bombenangriff, aber ihr Ehemann und alle sieben Kinder starben. »Warum hören sie nicht damit auf?«, fragte die verzweifelte Mutter einen Reporter. »Warum tun sie uns das an? Was haben wir getan, dass wir das verdienen?«

Herr und Frau Rodriguez und Frau Ahmed haben sehr viel mehr gemeinsam, als sie trennt. Sie haben ihre liebsten und nächsten Menschen verloren, und keine Familie konnte irgendeine Erklärung für diesen furchtbaren Verlust finden. Beide fühlten diese schreckliche Qual in sich. Beide fragten:»Warum? Warum? Warum?« Die Bereitschaft, tiefes menschliches Leiden zu teilen, führt die Menschen zusammen.

Die Bandbreite der emotionalen Reaktionen, von der einfachen Trauer bei Pete, von einem Gefühl des Durcheinanderseins und der Richtungslosigkeit bei Micky, bis zur großzügigen Vergebung und Sorge um andere bei der Familie Rodriguez, bis zum vollständigen Unglauben und Unverständnis bei der Mutter der Familie Ahmed, verdeutlicht ganz klar, wie unterschiedlich wir auf tragische Ereignisse reagieren können. Viele Menschen erleben ein breites Spektrum an Emotionen im Laufe ihrer Trauer; dabei bewegen sie sich zwischen Gefühlen von Ärger, Rache, Selbstmitleid und Verzweiflung, während sie nach einem Weg suchen, um mit dem Ereignis zurechtzukommen. Bei Tragödien sollten wir untersuchen, wie wir anderen und uns selbst bei diesem Prozess helfen können, und wir sollten lernen, wie wir spirituelle Weisheit entfalten können, mit der wir Trauer und Leiden in inneren Frieden verwandeln können.

### Die anfängliche Reaktion: Der Wahrheit ins Gesicht schauen

An einem Tag gehen wir noch völlig in unseren Beziehungen oder in unserer Arbeit auf, und am nächsten Tag sind wir einer verheerenden Veränderung ausgesetzt, einem Ereignis, das unserem Sicherheitsgefühl einen schrecklichen Schaden zufügt. Wohin geht es mit uns? Können wir dem Sinnlosen einen Sinn verleihen? Müssen wir das tun? Gibt es eine Art Verständnis hinter den unerklärlichen Qualen von Tragödien?

Vor einigen Jahren wurde ich darum gebeten, mich mit einem Mann zu treffen, der etwa 45 Jahre alt war und dessen Sohn ein paar Monate zuvor bei einem Motorradunfall gestorben war.

Der Vater hat seinen Sohn mit außergewöhnlich viel Liebe und Hingabe groß gezogen. Sie lebten in einer bescheidenen Wohnung und hatten im Laufe der Jahre eine tiefe Bindung zueinander entwickelt. Der Verlust seines einzigen Kindes brach diesem Mann das Herz. Als er zu unserem Treffen kam, spiegelte seine Haltung das ganze Gewicht seines Schmerzes.

Inmitten von Sorge und Trauer gibt es eine ausgeprägte Stimme des Widerstandes, die es nicht ertragen kann, die bittere Wahrheit zu akzeptieren. Der tiefe Schmerz und die Qual bekämpfen die nackten Tatsachen. Oft werden die Informationen und die Umstände, wie sie im Zusammenhang damit beschrieben werden, verleugnet und sogar gehasst. »Nein, nein. Das kann nicht wahr sein«, waren die ersten Worte, die der liebende Vater sprach, als ihm die Polizei mitteilte, dass sein Sohn gestorben war. Es gibt einen Kampf zwischen der inneren Stimme, die die Wahrheit kennt, und der anderen inneren Stimme, die sich weigert, sie anzunehmen. Diese schreckliche innere Zerrissenheit und die Unfähigkeit, mit diesem Ereignis zurechtzukommen, quälten den Vater Tag und Nacht.

Als ersten Schritt in Richtung Heilung müssen wir dazu in der Lage sein, uns für die Wahrheit zu öffnen, sie in uns aufzunehmen, zu akzeptieren und auszuhalten. Einen solchen Rat zu erteilen und ihn aufzuschreiben, ist einfach. Jedoch ist es überhaupt nicht leicht, ihn in die Praxis umzusetzen. Es ist schwer, den Übergang vom »Nein« zum »Ja« ohne Vorbehalte zu vollziehen, vom Verleugnen zum Annehmen ohne Widerstand, sodass wir mit der Wahrheit der Dinge ruhig bleiben können. Vielleicht interpretieren wir unser langwieriges Leugnen als eine Art Beweis unserer Liebe für den anderen. Stattdessen verschließen wir uns aber dieser Liebe aufgrund der Sorgen und des Widerstands gegenüber der Veränderung. Würde es dieser Mensch, der von uns gegangen ist, wünschen, dass wir ihm solche Trauer als letztes Vermächtnis für seine Beziehung zu uns hinterlassen?

Das Unwillkommene, Ungewollte und Unvorhergesehene durchdringt unser Herz mit einer solchen Traurigkeit und kann uns mit seinem Gewicht derart niederdrücken, dass es uns ganz schlecht geht. Unsere Brust zieht sich zusammen, und unser Kopf ist voller unangenehmer Empfindungen. Der gesamte Druck lässt Tränen aus unseren Augen fließen, sobald die atemberaubende, schmerzvolle Information tiefer in unser Herz sinkt. Es ist zwar nicht einfach, aber wenn wir beginnen zu entspannen, zu akzeptieren und fließend zu atmen, können wir uns wieder mit der Welt um uns herum verbinden. Wir können den Worten von anderen zuhören, die Wärme ihres Verständnisses und ihrer Berührungen empfinden, und wir beginnen mit den ersten vorsichtigen Schritten zur Erneuerung unseres Geistes. Wir leben nicht isoliert, sondern in Beziehungen zu anderen, die nah oder fern sind, und ebenso zu uns selbst. Erneuerung und Heilung beginnen, wenn wir unsere Fähigkeit, mit anderen in Kontakt zu treten und gesunde Beziehungen zu knüpfen, wieder entdecken.

## Ablehnung und der Wunsch nach Rache

Als Menschen leben wir auf verschiedene Weisen in Kontakt mit anderen und teilen die Erde miteinander. Im Zeitalter der Hightech-Kommunikation sind wir so sehr miteinander vernetzt, dass wir im Leben von anderen einen Eindruck hinterlassen können, ohne uns jemals zu begegnen. Die Welt ist wirklich ein globales Dorf geworden, in dem wir einander als große Unterstützung dienen können, oder wir können für Entscheidungen eintreten, die anderen schreckliches Leid zufügen.

Wenn andere uns direkt oder indirekt verletzen, müssen wir mit unseren Antworten oder Reaktionen auf dieses Gefühl umgehen. Das Gefühl, von einem anderen verletzt worden zu sein, drückt schnell zahlreiche emotionale Knöpfe. Da wir mit dem Gefühl des Verletztseins nicht zurechtkommen, können unsere Reaktionen eskalieren. Zuerst fühlen wir uns verletzt, dann bestürzt, dann irritiert, dann verärgert, dann wütend, und dann entschließen wir uns vielleicht dazu, uns zu rächen oder andere zu unterstützen, in unserem Interesse zu handeln. Mit verschiedenen Rationalisierungen rechtfertigt unser Geist den Wunsch nach Vergeltung, indem er die emotionale Reaktion mit systematischen Gedanken und Handlungen verhüllt, um Schritte der Vergeltung einzuleiten.

Wenn wir diesen Weg verfolgen, so werden wir auf die Gefühle des Verletztseins – trotz der Rechtfertigung unseres Wunsches, anderen Schmerz zuzufügen, – auf der emotionalen Ebene nur negativ reagieren können. Wirklich aufmerksame Menschen haben die große Aufgabe zu versuchen, diese emotionalen Schmerzen, Verletzungen und Wunden zu verstehen und sie so zu transformieren, dass in uns eine Einsicht entsteht, die uns einen nichtzerstörerischen Ansatz entwickeln lässt, um die tiefe Kluft zwischen den Menschen aufzulösen.

Als Reaktion auf Verletzung reagieren manche Menschen gegen sich selbst, indem sie viele erschreckende Emotionen entwickeln, bei denen Sorgen und Schuldgefühle jedes andere Gefühl zerstören und Verzweiflung erzeugen. Wenn wir Angst und Schrecken empfinden, hassen wir vielleicht das Leben sowie uns selbst. Dies fördert unser Zurückziehen von anderen, und unser Rückzug in ein Schneckenhaus beschützt uns selbst vor der Welt und vor unserem eigenen Schmerz. Diese Hilflosigkeit führt leicht zu noch mehr Verzweiflung oder zur Entschlossenheit, anderen genau dasselbe heimzuzahlen.

Vom spirituellen Standpunkt aus betrachtet müssen wir auf die Eltern von Greg Rodriguez hören. Genau wie andere mussten auch sie ungeheures Leid ertragen, jedoch weigerten sie sich, an Vergeltung zu denken. Unter dem Schmerz und der Qual gibt es eine tiefe Güte und Reinheit, die andere davor beschützen will, dass sie in ähnlicher Weise leiden. Diesen rücksichtsvollen und mitfühlenden Standpunkt – trotz des Verlustes ihres Sohnes – können wir als edel und würdevoll bezeichnen.

### Selbstverurteilung und Schuldgefühle

Manchmal geben wir uns selbst die Schuld daran, wenn den Menschen um uns herum etwas Schreckliches zustößt. In solchen Fällen kann ein kleines Ereignis für unseren Geist eine große Rolle spielen, wenn es die Ursache für ein sehr schmerzhaftes Resultat zu sein scheint. Wenn wir schmerzliche Konsequenzen aus Ereignissen erleben, so ist es verständlich, dass wir die Ursache benennen und wissen wollen, wie wir damit umgehen können. Voller Schuldgefühle und Selbsthass fügen wir uns selbst Qualen zu, in einer Art Krieg gegen uns selbst. Es ist eine schwierige, aber wichtige Aufgabe, die nackten Tatsachen der Situation zu sehen, frei von persönlicher, emotionaler Beteiligung.

Jemand vom Personal der Zwillingstürme fühlte sich an diesem verhängnisvollen Tag im September 2001 unwohl und beschloss, einen Tag freizunehmen und Zuhause zu bleiben. Ihr Partner wurde wütend auf sie und überredete sie dazu, zur Arbeit zu gehen, anstatt zu Hause zu bleiben. Er hatte die Ansicht, dass es seiner Partnerin nicht so schlecht ginge, wie sie tat. Widerwillig ging sie zur Arbeit. Zwei Stunden später war sie tot.

Ihr Partner fühlte nicht nur Trauer bei diesem jähen Ende einer langjährigen Beziehung, sondern schreckliche Schuldgefühle dafür, dass er sie dazu überredet hatte, arbeiten zu gehen, statt ihr zuzuhören. Anstatt die Terroristen für ihre Verbrechen verantwortlich zu machen, begann er, sich selbst zu beschuldigen. Innerlich hielt er an seiner letzten Unterhaltung mit seiner Partnerin fest, und machte sich selbst so zur primären Ursache für ihren Tod, anstatt zu erkennen, dass zahlreiche Bedingungen dafür zusammenkamen.

Die Erfahrung von Schuldgefühlen und die Wahrnehmung der Ursachen bilden eine enge Beziehung. Bei einem tiefen emotionalen Schmerz ist es schwer, ganz klar die Unterschiede zwischen einer primären Ursache und anderen Faktoren zu sehen. Dies lässt Menschen anfällig für Schuldgefühle und Reue sein, bis sie innerlich ein gewisses Maß an Frieden gefunden haben.

Überlebende von Katastrophen spüren oft Schuldgefühle und Sorge, Trauer und Verzweiflung über den Tod von anderen. Sie scheinen sich selbst dafür anzuklagen, überlebt zu haben. In extremen Fällen kann dies zu einem Verlust des Lebenswillens aufgrund der starken Schuldgefühle führen. Es ist äußerst wichtig, eine Haltung zu entwickeln, die die Bandbreite unserer emotionalen Reaktionen erkennt, anstatt diese als eine Behauptung oder als Realität über uns selbst wahrzunehmen. Wir zollen den Verstorbenen mit Liebe, Dankbarkeit und Wertschätzung und nicht mit Schuldgefühlen und Verzweiflung Respekt.

Es sollte vorrangig sein, dass wir uns den Menschen um uns herum öffnen. Ihre Liebe und natürliche Empathie zu fühlen, kann das unglückliche Gefühl von Hilflosigkeit und Elend auflösen. Wer ein tiefes Trauma erlebt hat und sich auf dem Weg der Besserung befindet, bleibt verwundbar bei der empfindlichen Erinnerung, die äußerst schmerzhaft ist. Es ist gefährlich für sie zurückzublicken. Aber ein bedeutender Kontakt und eine Verbindung mit vertrauten Menschen können das Potenzial für innere Stärkung erwecken und dabei helfen, Isolation, Verzweiflung und Hilflosigkeit aufzugeben. Mit dieser Unterstützung können sie bewusst Tag für Tag die Vergangenheit hinter sich lassen.

## Der Verzweiflung begegnen

Wenn wir unglücklich sind und im Leben keine Erfüllung erfahren, dann gibt es eine unterschwellige allgemeine Unzufriedenheit, die unser tägliches Leben beeinflusst, ob es uns bewusst ist oder nicht. Ein gewalttätiger Angriff, eine Tragödie, ein ungewollter Verlust, eine schmerzhafte Veränderung oder ein Trauerfall verstärken die bereits vorhandene Qual, bis sie uns überwältigt. Der Kummer, der ganz natürlich aus unvorgesehenen Katastrophen entsteht, kann sich sogar noch verheerender auswirken, wenn er zu viel Traurigkeit hinzukommt.

Wir fühlen, dass unsere ganze Welt auseinanderbricht und nichts so schlecht sein könnte wie diese Situation. Überwältigt von Trauer und Verzweiflung erfahren wir weder Licht noch Hoffnung, noch haben wir einen Grund weiter zu leben. Im Extremfall vergrößern wir die Probleme des Alltags derart, dass wir von einer Krise in die nächste geraten. Unter manchen Umständen ist Verzweiflung eine verständliche Reaktion.

Geduld ist unerlässlich. Mit starker Achtsamkeit und Entschlossenheit sollte man sich daran erinnern, dass sich die Gefühlswellen und Sichtweisen gegenseitig bis zu einer schmerzhaften Intensität verstärken. Selbst eine lange, dunkle Nacht geht vorüber. Die Anerkennung – von uns oder von anderen – jeder Veränderung ist bedeutsam. Geduld und die stetige Erinnerung an die Vergänglichkeit all dieser Erfahrungen unterstützen den Prozess, ruhig zu werden und die Ereignisse zu verstehen. Dies hilft der langfristigen Heilung.

## Langfristige Heilung

Obwohl viele Menschen glauben, dass Beruhigungsmittel, Schlaftabletten und Antidepressiva unmittelbar nach einem traumatischen Erlebnis helfen, so verhindern diese Maßnahmen doch eine langfristige emotionale Heilung. Auch die Zeit ist nicht die Antwort. Ungelöste Probleme bleiben in Winkeln des Herzens bestehen. Wir sollten unsere inneren Ressourcen erforschen, um unser Leben weiterführen zu können, das nie still steht, noch nicht einmal für einen Moment. Tun wir das nicht, bleiben wir in der Vergangenheit gefangen, anstatt zu einem neuen Tag und einem neuen Anfang zu erwachen.

## Der Wert unterstützender Freundschaft

Die Freunde oder die Familie einer leidenden Person, die sich durch den Verlust eines geliebten Menschen in einem traumatischen Zustand befindet, fühlen sich in dieser Situation vielleicht hilflos. Manche glauben möglicherweise, dass sie nichts tun können, um der Person zu helfen, diesen Kummer zu überwinden. »Sie müssen da selbst durchgehen«, oder: »Sie brauchen Zeit«, sind typische Antworten. Manche sagen vielleicht: »Ich rufe nicht an. Ich weiß nicht, was ich sagen soll«, oder: »Was immer ich auch sage, es scheint nicht das Richtige zu sein.« Wir vergessen einfach die reine Anwesenheit, bei der wir Stille teilen, Geduld zeigen, und – falls nötig – die Person dazu ermutigen, emotionale oder religiöse Beratung zu suchen. Auch können wir der Person dabei helfen, zu den alltäglichen Angelegenheiten zurückzukehren.

Wir können als Zeichen eines guten Freundes unsere Freundschaft anderen Menschen anbieten, die darum kämpfen, mit unerwarteten Veränderungen zurechtzukommen, die sich für Jahre auf ihr Leben auswirken. Auch sollten wir als guter Freund den anderen weder beherrschen, noch die schmerzhafte Angelegenheit vermeiden wollen. Selbst wenn wir all diese Qualitäten vorweisen, ist die Beziehung zu einem Menschen, der sich von einem Leiden erholt, nicht einfach. Es treten Schwierigkeiten auf, die unser Vertrauen und unsere Zuversicht prüfen. Schmerzhafte Erinnerungen und ungelöste Angelegenheiten von Abhängigkeit werden schnell auf einen Freund, auf ein mitfühlendes Familienmitglied oder auf einen Berater übertragen. Es ist keine leichte Aufgabe, einen Menschen bei einem Trauerprozess zu unterstützen. Vielleicht hegen wir den tiefsten Wunsch zu helfen, aber Gefühle der Unzulänglichkeit und Zweifel können aufkommen, wenn wir jemandem bei einem ungeheuren Verlust helfen wollen.

Ich habe gelernt, keinen Rat zu erteilen, sondern Fragen zu stellen, damit der Mensch spricht und seine Gefühle über eine schmerzhafte Verkettung von Ereignissen mitteilt. Eine Frage sollte mit der vorhergehenden Frage verbunden sein, sodass ein natürlicher Fluss entsteht. Die Trauernden brauchen das Gefühl, gehört zu werden, und besonders, sich verstanden zu fühlen. Wir müssen nicht wissen, was wir sagen sollen, aber wir müssen fühlen, was wir fragen sollen.

### Die richtigen Worte finden

Schreckliche Erfahrungen lassen uns Angst und Misstrauen empfinden, und wir übertragen allzu schnell diese Gefühle auf andere. Wir vermuten, dass niemand verstehen kann, was wir erlebt haben, dass niemand wirklich weiß, wie man zuhört oder mit den richtigen Worten antwortet. Es ist nicht unüblich für jemanden mit tiefem Schmerz zu sagen: »Du verstehst mich nicht.« Eine gewisse innere Stärke ist nötig, all das zu hören, ohne sich verletzt zu fühlen und ohne es aufzugeben, der Schilderung des Schmerzes zuzuhören. Es ist schade, wenn ein Familienmitglied oder ein guter Freund die Bedeutung davon unterschätzt, den Kontakt mit jemandem in einer emotionalen Krise aufrecht zu erhalten.

Menschen drücken ihre tiefsten Gefühle dem Leben gegenüber mit verschiedenen Mitteln aus, zum Beispiel über Religion, über eine praktische Philosophie oder über den Glauben an das Leben oder an sich selbst. Ein schrecklicher Schock kann bei all diesen Einstellungen verheerenden Schaden anrichten. Eine Verletzung und Enttäuschung lassen schnell weitere Traurigkeit entstehen, und wir entwickeln vielleicht eine zynische Sicht zum Leben. Die Intensität solcher Ansichten kann den Zuhörer alarmieren, sodass er sich darum bemüht, mit dem Schmerz der Person zurechtzukommen.

Das Wichtige liegt vielleicht jenseits der Worte im Gegenwärtigsein in einer Dimension des Schweigens, in einem heiligen Raum, in einem Gefühl der Verbundenheit und einem Gefühl für die Natur. Der sorgenvolle Mensch kann die Geschichte des Terrors derselben Person oder verschiedenen Personen gegenüber öfter wiederholen, ohne inneren Frieden oder Erleichterung von der Erfahrung zu finden. Dies kann eine Form der Identität annehmen, die dieser Mensch nur widerstrebend aufgeben will. Die Geschichte bleibt vielleicht größtenteils dieselbe oder aber sie verändert sich, sie kann mit den Tatsachen übereinstimmen oder auch nicht, sie kann teilweise auf Tatsachen beruhen oder teilweise ausgedacht sein.

Wir brauchen Geduld, um so einfühlsam und respektvoll zu bleiben, dass wir mitfühlendes Gewahrsein denjenigen gegenüber zeigen, die durch einen intensiven Kampf gehen, bei dem Gefühle, Gedanken, Erinnerungen und Ereignisse ein erschreckendes, schmerzhaftes Bild gestalten.

### Trauer umwandeln und Glück wieder herstellen

Auf den ersten Blick scheint Glück zu Traurigkeit, die unsere Herzen wegen des Unwillkommenen, des Ungewollten und des Unvorhergesehenen durchdringt, sehr wenig Bezug zu haben. Wenn wir jedoch darüber nachdenken, wie Glück nach dem Trauma eines schrecklichen Ereignisses wieder hergestellt werden kann, so müssen wir ein Verständnis für die Natur des Glücks und des emotionalen Wohlbefindens entwickeln.

Als menschliche Wesen auf dieser Erde sind wir im Wesentlichen freundliche, unverwüstliche Geschöpfe, wenn wir in Frieden mit uns selbst und in Harmonie mit den Ereignissen leben. Das bedeutet, dass wir normalerweise mit den Ereignissen unseres Lebens zurechtkommen. Jedoch wird diese Fähigkeit sehr geschwächt, wenn unser Innenleben mit der Unzufriedenheit aus der Vergangenheit belastet und nicht in Berührung ist mit dem natürlichen, alltäglichen Glück und sich entfremdet hat von der Realität, einen Tag nach dem nächsten zu leben. Wenn wir das Leben einfach als Mittel betrachten, um unsere persönliche Begierde zu befriedigen, dann riskieren wir es, mit Umständen überhaupt nicht zurechtzukommen, die sich gegen die Bedürfnisse des Selbst richten.

Intellektuell können wir die Gründe für tiefes Glück nicht verstehen. Die Fähigkeit des Geistes ist begrenzt, die freudvollen Angelegenheiten des Herzens und die Intensivierung wunderbarer Gefühle zu verstehen. Wenn wir uns darüber hinaus mit unseren geistigen Konzepten und Intellektualisierungen befassen, erleben wir viel weniger diese stark anwachsende Freude, sobald sich das Bewusstsein vom Herz zum Kopf bewegt.

Selbst nach einer Katastrophe wirken sich unsere Werte im Leben sowie unsere Prioritäten auf das Wiedererlangen des Glücks aus. Wenn wir unsere Freunde und Aktivitäten in der Natur vernachlässigen, können wir als Folge davon weniger entspannen und weniger natürliches Vergnügen erleben.

Es ist niemals einfach, solche Prioritäten in unserem täglichen Leben zu setzen, nachdem wir einen Höllenbereich der Existenz erlebt haben. Aber jede Anstrengung, die wir in dieser Richtung unternehmen, wird uns belohnen. Wir fühlen uns nicht nur uns selbst gegenüber besser, sondern auch anderen Menschen und dem Leben gegenüber.

Es gibt viele Berichte über das Wiedererlangen des Glücks im Leben von Menschen, die sich durch neue Prioritäten in ihrem Leben für die Möglichkeit einer völlig neuen Perspektive geöffnet haben. Diese Bewegung weg von dem unzufriedenstellenden Alten zu einer neuen und fürsorglicheren Sicht gegenüber der gesamten Existenz ist das Kennzeichen einer spirituellen Person.

## Die Perspektive verlagern

Es ist kein Zufall, dass Überlebende von lebensbedrohlichen Situationen, die sich auf der dünnen Linie zwischen Leben und Tod befunden haben, über eine dramatische Veränderung in ihrer Wahrnehmung berichten. Die reine Intensität des Dramas löst die Vorstellung von Beständigkeit auf und betrachtet den Versuch, das Leben, Besitztümer und Ziele zu planen, als lächerlich.

Die selbst geschaffenen Prioritäten treten in den Hintergrund, sodass die Fülle des Lebens selbst ins Bewusstsein eindringen kann. Die Erkenntnis, was es bedeutet, einen Tag nach dem anderen zu leben, kann zu einem neuen Lebensstil führen, der frei ist von den üblichen Sorgen, fixen Ideen und Fantasien.

Micky, der New Yorker Feuerwehrmann, dessen Erfahrung an früherer Stelle in diesem Kapitel beschrieben wurde, berichtete, dass er erkannte, wirklich nichts mehr tun zu müssen. Seine Worte spiegeln alte spirituelle Lehren wider, die besagen, dass wir im Leben nirgendwohin gehen und nichts tun müssen und es nur diesen einen Moment gibt.

Der Vorstellung, dass etwas anderes besser, anders oder lohnender sei, fehlt die Freiheit, die große Befreiung, die erlangt werden kann, wenn unsere Existenz und das gegenwärtige Leben harmonisch miteinander verschmelzen.

## Zeuge sein

Um inneren Frieden im Geist zu bewahren, ist es wesentlich, die Rolle eines Zeugen einzunehmen statt der eines Beteiligten. Ein wahrer Zeuge ist nicht passiv, sondern versucht, sich einen Überblick zu verschaffen und behält ein Gefühl von mitfühlender Verantwortung – frei von Ablehnung oder Vorliebe – für das gesamte Ereignis.

Es ist nicht ungewöhnlich, wenn religiöse Texte von der Bedeutung des »Zeugeseins« sprechen, aber das bezieht sich normalerweise auf Menschen eines bestimmten Glaubens, die ihren Glauben bezeugen. Bei spirituellen Belehrungen sollte der Zeuge eine entscheidende Rolle spielen, um Bewusstsein und Einsicht zur Lösung des Leidens aufzubringen, um den »Himmel« – Frieden und Versöhnung – in eine potenziell höllische Situation zu bringen. Ein Zeuge haftet weder an, noch lehnt er ab, sondern er will Leiden lindern, das Klima der Negativität auflösen und ein Ende der Streitigkeit und der sie begleitenden Belastung erleben.

Wenn wir Zeuge sind und uns mit dem Leben verbinden, anstatt im Leben nach der Erfüllung unserer Wünsche zu streben, wird es offensichtlich, dass das Ausmaß unseres Leidens davon abhängt, wie wir zur Vergangenheit, zur Gegenwart und zur Zukunft stehen. Wir sollten versuchen, anstatt dem Hier und Jetzt zu entfliehen, es anzunehmen, uns tief dafür zu interessieren, es zu untersuchen und den gewöhnlichen Ereignissen im Leben mit Achtsamkeit zu begegnen. Wir können unsere Probleme mit der Welt und mit uns selbst durch unvermittelte Einsicht oder durch allmähliches Verständnis auflösen. Weise Menschen haben uns immer an die zeitlosen Entdeckungen erinnert, die uns dann zur Verfügung stehen, wenn wir bereit sind, unser Klammern und Anhaften an das loszulassen, was wir nicht haben können, sowie an zukünftige Fantasien und an das Schwelgen in der Erinnerung, sodass die Kraft des Jetzt auf unser Bewusstsein wirken kann und nicht von unseren Vorlieben und Abneigungen gebremst wird.

Ein wahrer Zeuge im Leben entwickelt einen natürlichen transzendenten Standpunkt, frei von konditionierten Gedanken und Ideen, die die reine Unmittelbarkeit der Dinge und deren befreiende Auswirkung verdunkeln. Wir sollten die tiefen Worte von Micky beachten, der die Freiheit ausdrückt, die er fühlt, wenn er einen Tag nach dem anderen lebt. Wenn wir ein solches Gefühl äußern, dann gibt es für das Ego kaum eine Möglichkeit, sich eine Identität aus dem Gedankenstrom oder aus unserer persönlichen Geschichte zu erschaffen. Wir wollen unsere Existenz nicht mehr nach dem Besitz von Konsumgütern oder nach den Rollen und dem sozialen Status bemessen. Mit einem befreiten Bewusstsein werden die Dinge, nach denen wir uns vorher gesehnt haben oder die uns Sicherheit geben sollten, bedeutungslos. Dann gibt es eine neue Dimension im Leben, ohne Begrenzungen und ohne Einschränkungen. Wir erledigen unsere täglichen Angelegenheiten frei von der beständigen Befriedigung des Egos, das nach vorübergehenden, angenehmen Empfindungen greift und unangenehme zurückweist.

Zeuge zu sein und wirklich im Heute mit all den verschiedenen Aspekten zu leben, führt zu tiefem Frieden und Zufriedenheit, die einem Geist, der sich um die Vergangenheit, die Gegenwart und die Zukunft sorgt, nicht zugänglich sind. Mit diesem inneren Frieden lässt unsere Tendenz nach, andere anzugreifen oder vorübergehendem Erfolg nachzujagen. Mit dieser gesunden Lebensweise können wir das tägliche Leben unmittelbar berühren, jenseits des verzweifelten Klammerns an eine einseitige Meinung und jenseits der Unwissenheit.

## Ein mitfühlender, spiritueller Ansatz

In einem Konfliktfall nehmen viele Menschen eine hartherzige Meinung zum Tod und zum Leiden Unschuldiger in Kriegszeiten ein. Sie vergessen die Tränen und den Schmerz, der Männern, Frauen und Kindern, die bei einem internationalen Konflikt unschuldig sind, zugefügt wird. Ein spirituelles Bewusstsein appelliert an uns, auf die besorgte anstatt auf die harte Stimme in uns zu hören, die besagt: »Solche Dinge geschehen in Kriegszeiten. Was erwartest du?« Der Appell der Familie Rodriguez für politische Zurückhaltung und die Fragen von Frau Ahmed, die aus ihrer tiefen Trauer entstanden sind, sollten wir beachten, damit wir Wege finden können, um mit einem mitfühlenden Herzen statt mit Kriegserklärungen zu antworten. Um die harte Stimme in uns zu erweichen und weise werden zu lassen, müssen wir nicht nur die Emotionen, sondern auch das Bewusstsein und die Intelligenz verlagern. Die Gesellschaft muss bei der Lösung von menschlichen Konflikten noch viel lernen.

Frieden und Harmonie werden oft als abstrakte Konzepte abgetan, die nur zu Menschen mit einer romantischen Sicht des Lebens passen. Mit unserer eigenen Erfahrung von Trauer können wir die verwandelnde Kraft des Hier und Jetzt und ihre Vorteile für eine gesunde und mitfühlende Lebensweise erkennen. Begriffe wie »mit Gott sein« oder »Erleuchtung verwirklichen« haben eine tiefe Bedeutung und sind uns unmittelbar zugänglich. Die erleuchtenden Worte von manchen Überlebenden von tragischen Situationen erinnern uns daran, mit der Gegenwart als dem Anker der Existenz in Kontakt zu bleiben.

Ein Beispiel dafür, wie die Erfahrung einer Katastrophe in eine praktische, konstruktive Handlung umgewandelt werden kann, zeigt uns die Arbeit von zwei Männern, die tödliche Landminen entschärfen, die Hinterlassenschaft eines vergangenen Krieges in Afghanistan. Sie verbrachten die Tage damit, sich

Zentimeter für Zentimeter, Schritt für Schritt vorzuarbeiten, um das Land für die Dorfbewohner sicher zu machen, damit sie unbeschadet zu den Feldern gehen und diese bestellen können. Jeden Morgen gingen sie zu der Stelle, an der sie am vergangenen Tag aufgehört hatten. Kinder des Dorfes beobachteten sie aus einer sicheren Entfernung. Jedes Mal, wenn sie eine Mine entschärft hatten, klatschten die Kinder, riefen Beifall und rannten zu ihren Eltern, um ihnen davon zu erzählen. Solche mutigen Männer inspirieren uns dazu, positive Schritte zu unternehmen, um Geistesfrieden in die Welt zu bringen.

Diese mutigen, im Westen ausgebildeten Männer gehen in die Felder, entlang der gefährlichen Spuren, um das Gelände für Menschen sicher zu machen, die sie nicht kennen und mit denen sie sich wegen der unterschiedlichen Sprachen auch nicht verständigen können. Die Hingabe solcher Männer und Frauen für das Wohl anderer ist eine von zahllosen Möglichkeiten, um Mitgefühl auszudrücken, ein wahres Zeichen spiritueller Bewusstheit. Viele Männer und Frauen arbeiten für Organisationen auf der Welt, deren Hauptanliegen darin besteht, das Leben anderer zu verbessern. Manche bezeichnen ihre Arbeit vielleicht nicht als »spirituell«, aber ihre Unterstützung von und ihre Arbeit im Interesse von Fremden, zeigt, dass sie wahre Götter und Göttinnen auf Erden sind.

Mit dem Versprechen, bei einem Unglück mit dem Fluss des Lebens und mit der Unterstützung von anderen ruhig zu bleiben, können wir uns wieder völlig erholen. Dann entdecken wir natürliches Glück ebenso wie die Fähigkeit, mit zukünftigen traumatischen Erlebnissen umzugehen, die vielleicht in unserem Leben auftreten. Dieses natürliche Glück entspringt der Weisheit und Klarheit hinsichtlich der Welt, in der wir leben. Wenn wir den intensiven Dramen der Welt mit spiritueller Bewusstheit begegnen, so ist das sehr tief gehend und wunderbar.

Vielleicht sind wir in der Minderheit, aber diese Stimme erinnert andere an die Bedeutung von Bewusstheit, Liebe und von tiefem Respekt vor der Existenz.

## Umgang mit schmerzhaften Umständen

Wenn du bestürzende oder traumatische Ereignisse erlebst oder in Kontakt mit so jemandem bist, dann lies die folgenden Vorschläge und probiere einige davon eine Weile aus.

1. Erinnere dich daran, achtsam ein- und auszuatmen. Mehrmals lang und tief zu atmen kann die Kraft schmerzhafter Gedanken und Erinnerungen vermindern.
2. Bleibe offen für die Kommunikation mit anderen. Das beinhaltet auch, geliebte Menschen zu dir nach Hause einzuladen, auszugehen, zu telefonieren, E-Mails und Briefe zu schreiben. Triff so viele Verabredungen wie möglich. Erinnere dich daran, dass es andere gut meinen, auch wenn sie das Falsche zu sagen scheinen.
3. Schreibe ehrlich deine Gefühle auf, ohne das Geschriebene zu zensieren. Das könnte bedeuten, deine Erlebnisse in ein Tagebuch oder auf lose Blätter zu schreiben. Vielleicht benutzt du lieber ein Aufnahmegerät, mit dem du deine Gedanken, Gefühle und die Schritte, die du unternimmst, um mit den Ereignissen zurechtzukommen, aufzeichnest.
4. Verbringe Zeit in der Natur oder sitze so oft wie möglich an einem Fenster. Das Tageslicht mit unseren Augen aufzunehmen, hat eine gewisse heilende Kraft. Tun wir das täglich, so können wir in der Gegenwart und mit der Welt um uns herum verbunden bleiben und auch die natürliche Schönheit in einigen Momenten wertschätzen.
5. Weigere dich, schmerzhaften Erinnerungen nachzugeben. Der

Schmerz der Vergangenheit und Selbstmitleid in der Gegenwart verstärken die Verzweiflung. Es ist wahrscheinlich am härtesten, Erinnerungen – einschließlich der schmerzhaften – loszulassen – jedoch ein wichtiges Prinzip, um sich von schmerzhaften Ereignissen wegzubewegen.

6. Dehne den Körper über den Tag hinweg auf verschiedene Weisen oder mache andere sanfte Körperübungen. Wenn du dich sehr unglücklich fühlst, sinkt dein Energieniveau und deine Haltung wird vielleicht schwerfällig und angespannt. Regelmäßige körperliche Aktivitäten, wie Spaziergänge oder Yogaübungen zum Beugen und Dehnen des Körpers, helfen dir beim Kampf gegen die Verzweiflung und dabei, die Energie wieder zu stärken.

7. Verpflichte dich dazu, einen Tag nach dem anderen zu leben. Je weiter dein Geist in die Vergangenheit oder die Zukunft wandert, desto größer ist die Wahrscheinlichkeit von Verletzung, Enttäuschung und Angst. Übe dich darin, einen Tag nach dem anderen zu leben, sodass du nicht von den Bildern der Vergangenheit oder den Sorgen um die Zukunft überwältigt wirst.

## Eine offene Haltung entwickeln

Unsere Einstellung zu Ereignissen macht sowohl kurz- als auch langfristig sehr viel aus. Wir können auf verschiedene Arten unsere Haltung erweitern, sodass wir zu neuen Einsichten über Situationen kommen können, seien diese persönlich, sozial oder politisch.

1. Denke über das Gute in deinem gegenwärtigen Leben nach. Sogar inmitten großer Not können wir Segen finden, obwohl es zu dieser Zeit schrecklich dunkel sein mag und wir voller unguter Gefühle sind. Der menschliche Geist hat die außergewöhnliche Fähigkeit, mit unerträglichen Situationen umzugehen.

2. Versuche, im täglichen Leben verschiedene Disziplinen zu pflegen, die Weisheit und achtsame Gedanken widerspiegeln. Das bedeutet auch, über die eigene, persönliche Erfahrung zu sprechen, anstatt über etwas, das wir nur vom Hörensagen wissen, und nicht der inneren Stimme der Unwissenheit und der Vorurteile nachzugeben und zu aktivieren. Wenn du diese Art Gedanken annimmst, wirst du dich auf eine frische Weise durch die Qualen durcharbeiten können.

3. Erkenne an, wie der Wunsch nach mehr dich davon entfernt, die Existenz unmittelbar zu berühren. Wenn es uns an Wertschätzung für das gegenwärtig Gute in unserem Leben fehlt, versuchen wir immer weiter, eine innere Leere anzufüllen. Diese Leere verschwindet, wenn wir ein überschwängliches Gefühl für die Verbindung mit der Welt, in der wir leben, entwickeln und pflegen.

4. Verbringe Zeit in der Natur, frei von Eigentum und Besitztümern. Wenn wir mehr Zeit in der Natur und weniger Zeit zum Beispiel in Einkaufszentren oder im Internet verbringen, dann erleben wir eine bedeutende Veränderung zum Besseren in uns. Der Kontakt mit der Sonne, den Wolken, den Bäumen, den Blumen und mit dem Wasser nährt die menschliche Existenz und fördert Freude und Geistesfrieden.

5. Pflege Freundlichkeit gegenüber anderen, seien es geliebte, fremde oder unfreundliche Menschen. Freundlichkeit ist sehr kraftvoll, wenn wir sie allen – ohne Ausnahme – zukommen lassen. Das Herz bleibt damit offen für eine neue Art, um schwierige Situationen zwischen Menschen umzuwandeln, ob es sich um Menschen handelt, die wir kennen, oder solche, die in anderen Gesellschaften leben.

6. Biete deine Dienste an. Biete Leidenden freiwillig deine Hilfe an und lerne deren Erfahrungen aus erster Hand kennen. Dies kann Meinungen auflösen, die daraus resultieren, dass wir nicht direkt wissen, worüber wir sprechen.

7. Stütze dich auf die Weisheit anderer. Spirituelle und moralische Vorbilder können uns alle tief inspirieren, wenn Ereignisse unser tägliches Leben belasten.

## Anderen bei ihrem Schmerz helfen

Unsere Sorge und Unterstützung für andere, die trauern, kann sehr viel bewirken. Das ist niemals leicht, aber es gibt mehrere bedeutende Punkte, an die wir uns erinnern sollten, wenn wir uns selbst einem anderen mit Schmerzen zur Verfügung stellen.

1. Stelle Fragen, die es dem trauernden Menschen erlauben, frei über seine Gefühle zu sprechen.
2. Schenke dem, was sie sagen, deine ganze Aufmerksamkeit, ohne zu bewerten.
3. Sei achtsam und akzeptiere, dass wir zeitweise die Zielscheibe für den projizierten Ärger dieses trauernden Menschen werden.
4. Bleibe verständnis- und respektvoll und unterstützend, ohne die trauernde Person beherrschen zu wollen oder zu versuchen, ihr einen Schritt aufzuzwingen.
5. Gestehe dir ein, dass wir vielleicht das Bedürfnis verspüren, uns von Zeit zu Zeit aus der Unterstützerrolle zurückzuziehen.

# II Negativität und Konflikt

*Liebet eure Feinde.*
*Tut denen Gutes, die euch hassen.*
*Segnet die, die euch verfluchen.*
*Betet für die, die euch misshandeln.*
*Was ihr von anderen erwartet,*
*das tut ebenso auch ihnen.*
JESUS VON NAZARETH, LUKAS 6:27, 28, 31

Bei vielen verschiedenen Gelegenheiten unseres Lebens erleben wir Konflikt und negative Handlungen: Zuhause, am Arbeitsplatz, in der Nachbarschaft und in der weiteren Welt. Die folgenden Geschichten veranschaulichen drei Arten von Konflikt.

## Julie und ihre Familie

Der Teenager Julie lebte mit ihrer Mutter und ihrem Stiefvater in einem Haushalt, in dem es normal war, sich gegenseitig anzuschreien und zu beschimpfen für solche Themen wie spät auszugehen. Der Stiefvater blieb meistens im Hintergrund, obwohl er seine Partnerin bei ihren Argumenten gegenüber ihrer Tochter unterstützte. Eines Tages sind die Emotionen so hoch gekocht, dass die Mutter Julie eine Ohrfeige gab und sie von zu Hause rauswarf. Daraufhin lebte Julie bei Freunden.

Um ihre Reaktion zu rechtfertigen, suchte und fand die Mutter Unterstützung von Freunden, die Verständnis für sie hatten. Weder würden sie sich entschuldigen noch würden sie die

Verantwortung für diese erhitzte Haltung übernehmen. Ebenso sprach die Tochter mit ihren Feeundinnen und sagte ihnen, dass sie nicht verstehen könne, wie ihre Mutter sie auf eine solche Weise behandeln kann. Die Mutter sagte: »Meine Tochter und ich sind im Krieg miteinander. Es scheint keinen Weg heraus zu geben.«

Nach einer langen Zeit schweigsamer Feindseligkeit zwischen Mutter und Tochter rief Julie ihre Mutter an, um zu versuchen, die eisige Atmosphäre zwischen ihnen aufzubrechen. Anfangs konnten beide – die Mutter und die Tochter – am Telefon nicht miteinander kommunizieren. Die eine oder die andere knallte den Telefonhörer auf, sobald ihre hitzige Meinungsverschiedenheit anschwoll. Ein gemeinsamer Freund von der Mutter und der Tochter begann, die tiefe Kluft zwischen dem Elternteil und dem Kind zu überbrücken. Der Freund, ein Nachbar, erklärte der Tochter die Position der Mutter und umgekehrt. Dann milderte die Mutter ihre Haltung und schuf in ihrem Herzen wieder Raum für ihre Tochter.

## Ein Angriff auf der Straße

Als ein ausländischer Student spät am Abend von einem Freund nach Hause ging, überquerte er die Straße, damit er nicht auf derselben Straßenseite ging wie eine Jugendbande. Zu solch später Stunde wollte er nicht so nah bei diesen Jugendlichen laufen. Sie schimpften, schrien und beschuldigten ihn, weil er sie mied. Dann verfolgten sie ihn die Straße entlang und fingen ihn schließlich. Sie schlugen und traten ihn, schlugen ihm Zähne aus, brachen seine Rippen und schleuderten ihm rassistische Beschimpfungen entgegen. Nach der Schlägerei ließ ihn die Bande blutend und verwundet zurück, während sie weiter über die Anwesenheit des Studenten im Land schimpften und fluchten.

Zum Glück sah ein vorbeifahrender Autofahrer den fast bewusstlosen jungen Mann, der auf dem Bürgersteig in einer Blutlache lag. Er rief die Polizei und einen Krankenwagen an. Es dauerte Wochen, bis der Student wieder geheilt war. Wenn er später nach dem Vorfall gefragt wurde, so war das Opfer nie wütend gegenüber seinen Peinigern. »Sie tun mir leid«, sagte er. »Sie suchten jemanden, an dem sie ihren Hass auslassen konnten und stießen auf mich. Ihr Leben muss sich sehr leer anfühlen.«

Die Familie, bei der der junge Mann wohnte, wunderte sich darüber, wie er so schnell vergeben konnte. Der junge Mann hing keinem bestimmten religiösen Glauben oder Philosophie an. Er erzählte der Familie, er habe erkannt, dass die Projektionen von Wut dieser Bande auf ihn nichts mit ihm zu tun hatten. Er wusste, dass er unschuldig dabei war. »Wenn ich über diese gewalttätigen Männer wütend werde, so bedeutet das, dass ich auf deren Level gesunken bin«, sagte er. Trotz der Wunden im Gesicht, der Schnitte, zahlreicher blauer Flecken und eines blauen Auges erklärte er: »Ich kann das nicht persönlich nehmen. Es gibt sehr wütende Menschen. Ich war zur falschen Zeit am falschen Ort. Wenn Menschen unter dem Einfluss von Wut und Vorurteilen stehen, dann kann alles Mögliche geschehen.«

## Neta und der Soldat

Im Januar 2002 erhielt ich eine E-Mail von einer israelischen Freundin, die unermüdlich im besetzten Westjordanland für Gerechtigkeit und Versöhnung arbeitet. Neta schrieb, dass sie einen Tag damit verbrachte, mit den Bewohnern des Dorfes Deir Istiya Bäume zu pflanzen. Sie war auf dem Weg nach Hause, als sie zwei Soldaten erkannten. Neta beschrieb ihre Unterhaltung mit den Soldaten.

Einer der Soldaten sagte ihr: »Wenn ich einen Terroristen auf dem Boden in seinem eigenen Blut liegen sehe, dann spüre ich Genugtuung.« Bevor er fortfuhr, zögerte er. Er wollte etwas verraten, worauf er stolz war. »Einmal hat in dem Dorf Hares jemand einen riesigen Stein aufgehoben, um ihn nach mir zu werfen. Weißt du, was ich getan habe?«, fragte er.

Neta erinnerte sich an den Vorfall und sagte: »Du hast ihn getötet. Lass mich dir erzählen, wen du getötet hast.«

»Das ist mir egal«, antwortete der junge Soldat.

»Das weiß ich, aber ich will, dass du weißt, wen du getötet hast. Sein Name war Muhammad Daud, und er war ein 15-jähriger, zurückgebliebener Junge, den ich sehr gern hatte.« Sie erzählte ihm alles, was sie von Muhammad und seiner Familie wusste. Der Soldat wollte es nicht hören. Sie schrieb: »Sein Widerstand war das einzige Anzeichen dafür, dass vielleicht tief in seinem Inneren noch etwas Menschlichkeit intakt ist. Ich erkannte, dass der Soldat, zu dem ich gerade gesprochen habe, ein unwissender Junge ist, dem man niemals hätte ein Gewehr geben sollen.«

## Unterschiede und Konflikt

Jeder Konflikt erinnert uns an die gravierenden Unterschiede, die zwischen Menschen, einschließlich der geliebten, existieren können. Individuen, Gruppen oder Nationen können an ihrem besonderen festen Standpunkt festhalten, bis es zu Aggression und Gewalt kommt. Dann wird es sehr schwierig, eine innere Verlagerung vorzunehmen, damit wir konstruktive Wege finden können, um die Kraft der Negativität von anderen aufzulösen.

Die drei Geschichten von oben veranschaulichen Konflikte, die durch Unnachgiebigkeit, durch die Unfähigkeit einen anderen Standpunkt zu sehen, durch Vorurteile gegenüber denjenigen, die anders sind, durch Gewalt, die von Angst hervorgerufen wird, und durch die Unfähigkeit, sich der vollen Konsequenzen seiner Handlungen bewusst zu sein, verursacht wurden. In jedem dieser Fälle gab es eine Lösung, weil ein Teil entweder so weise war, die vorhergehende, starre Position infrage zu stellen (wie im Fall von Julie und ihrer Familie), oder sich zu weigern, dass eine negative Handlung eine ähnlich negative erschafft (wie im Fall des verletzten Studenten). Im Fall des jungen Soldaten erlaubten es Netas Verständnis für die Angst und die Unreife des Soldaten ihr, weder Ärger noch Bitterkeit über seine Rolle bei dem Tod ihres Freundes aufkommen zu lassen.

Tiefe spirituelle Lehren erinnern uns an die Bemühung, uns über solche Situationen zu erheben, sodass wir nicht mit Hass reagieren, wenn wir Hass ausgesetzt sind. Dieser Ansatz hilft uns dabei, mit tief empfundener Bewusstheit zu verstehen, dass die Gewalt von anderen durch Unwissenheit, ungelösten inneren Druck und einen von negativen Kräften verdunkelten Geist entsteht. Wer anderen Gewalt zufügt, bleibt in seiner Situation gefangen, genauso wie ein Gefangener in einer Gefängniszelle.

Der erste Schritt, einen immer mehr eskalierenden Zyklus von schädlichen Reaktionen zu vermeiden und eine friedvolle Lösung von Konflikten herbeizuführen, besteht darin, Wege zu erforschen, mit denen wir Konflikt und Negativität begegnen. Wenn wir angesichts von Wut und Konflikt, sei es im persönlichen Leben oder in politischen Situationen, die Ähnlichkeit der menschlichen Bedingungen betrachten, können wir weitere Schritte in Richtung der Lösung des Problems unternehmen, ohne den Konflikt durch unsere Sprache oder Handlungen zu verstärken. Wie im Beispiel der mutigen, jungen israelischen Frau brauchen wir einen spirituellen Ansatz, um dadurch eine Lösung zu finden, dass wir zuhören, für jemanden eintreten und etwas zur Versöhnung tun wollen.

Um Negativität in Verständnis umzuwandeln, müssen wir uns selbst gegenüber tief ehrlich sein und auch entschlossen dazu, uns zu fragen, ob das Eigeninteresse auf Kosten anderer geht, und offen zugeben, dass die Gefühle der Hilflosigkeit, der Frustration und des Wunsches nach Vergeltung schmerzhaft und für alle Beteiligten unfruchtbar sind. Wenn wir das tatsächlich umsetzen, dann haben wir den Prozess einer bedeutenden Veränderung begonnen, der Alternativen, wie tiefe spirituelle Lehren über Liebe, Vergebung und innere Transformation, aufzudecken und zu erkennen hilft.

## Die Antwort auf Angriff

Du wurdest angegriffen, beraubt, verletzt, belästigt, oder es wurde dir die Liebe deines Lebens genommen. Vielleicht behandelt dich ein Anderer mit Intoleranz oder mit Wut, selbst wenn du nicht Teil eines solchen Konfliktes sein möchtest. Du bist erschreckt von der impulsiven Reaktion von jemandem, den du kennst. Du hast Angst davor, an einen bestimmten Ort zu reisen oder zu gehen, bist von einem aggressiven Nachbarn verängstigt oder überwältigt von den Anforderungen einer aktuellen Situation in deinem Leben. Wenn du erschreckenden oder beunruhigenden Ereignissen gegenüberstehst, fragst du dich oft, was du tun sollst, oder du zweifelst daran, dass du mit diesen Dämonen umgehen kannst.

So wie Druck und Schmerz sich ausdehnen, kann deine Qual ein solches Ausmaß erreichen, dass du die Welt ausschließt und die Sinne blockierst. Hast du dich je gefragt, warum du in den ersten Stunden, da das volle Gewicht der Umstände über dich hereinbricht, es nicht ertragen kannst, einer wohlmeinenden Stimme zuzuhören? Obwohl du dir die Anwesenheit von mitfühlenden Freunden wünschst, klingen ihre Worte oft hohl und die Erfahrungen, die sie mit dir zu teilen versuchen, scheinen im Vergleich zu deiner Trauer zu verblassen. Wenn wir solche Umstände erleben, fühlen wir uns oft völlig isoliert von allem Wunderbaren und Heiligen im Leben. Obwohl uns andere eine

Verbesserung der Situation versichern, erlauben wir es uns selbst kaum zu hoffen.

Oft fühlen wir uns von Konflikten überwältigt. Es kann ein Gefühl von Machtlosigkeit beim Umgang mit einem schwierigen oder gar bedrohlichen Ereignis aufkommen. Statt nur passiv zu erscheinen, kann eine wütende Person den überwältigenden Wunsch haben, einem anderen etwas Bestimmtes aufzudrängen. Hass und Vergeltung können sich als Bestrafung kaschieren, wenn die Reaktion von einem erschreckten Geisteszustand stammt, der sich aus einem Gefühl der Hilflosigkeit und Frustration zusammensetzt. Ob der Konflikt persönlich, sozial oder politisch ist, so sollten wir uns doch unserer Reaktionen bewusst werden, die sich im Verhalten und den Handlungen ausdrücken, die anderen Leiden bringen. Sehr tiefer Ärger kann in einem einzigen Moment explodieren, oder wir können ihn für Jahrzehnte in uns tragen.

Wenn wir es jedoch vermeiden können, in eine Spirale aus Verzweiflung zu geraten, wie es dem Studenten in der Geschichte über den Angriff auf der Straße gelang, können wir eine innere Stärke finden, die uns solch dunkle Zeiten überstehen lässt. Der junge Mann zeigte einen bemerkenswerten Grad an Reife in seiner Haltung gegenüber seinen Angreifern. Er sah keinen Sinn darin, auf ihre Handlungen wütend zu werden, und ihm war bewusst, dass er auf deren Level sinken würde, wenn er so reagieren würde. Ohne seine Entschlossenheit, seine Angreifer zu verstehen, wäre der junge Student vielleicht in solch tiefe Verzweiflung geraten, dass er nach diesem Vorfall nicht mehr ein normales Leben hätte führen können. Vielleicht hätte er sich sogar die Schuld dafür gegeben, zur falschen Zeit am falschen Ort gewesen zu sein. Wir müssen unsere Aufmerksamkeit nicht nur darauf richten, mit unserem persönlichen Schmerz fertig zu werden, sondern auch darauf, die Kräfte, die ihn erzeugt haben,

zu verstehen. In diesem Beispiel waren die Erziehung der Angreifer des jungen Mannes ebenso wie ihre soziale Umgebung,
ihre ungelösten persönlichen Probleme, Alkohol, gewalttätige Projektionen und eine Unfähigkeit, Verantwortung für ihre
Handlungen zu übernehmen, die Hauptfaktoren. Schwierige
Umstände reichen tief in unser Leben hinein und lassen uns
nur wenig Alternativen, außer die Bedingungen, die uns und
diejenigen um uns herum so handeln lassen, wie wir es tun, auf
einer tiefen Ebene anzunehmen.

## Zeuge sein von Konflikt und Negativität

Wenn wir einem Ereignis ausgesetzt sind, dann erfassen unsere
Augen und Ohren das Geschehen. Vielleicht sehen wir eine Tragödie im Fernsehen, bezeugen sie direkt mit unseren Augen, lesen in einer Zeitschrift oder hören von einem anderen darüber.
Dieser unmittelbare Kontakt kann eine Reihe von Antworten
und Reaktionen erwecken, die viel von uns selbst und von unserer Sicht über andere enthüllen, ob du es verstehst oder nicht.
Der Sinneskontakt erzeugt einen Eindruck, der durch unsere
Sinnestore tief in unser Innenleben eindringt.

Die den Sinneskontakt begleitende Intensität und Beschreibung der Geschichte oder des Ereignisses beeinflussen unsere
innere Reaktion, die natürlich entsprechend der Persönlichkeit
variiert. Manche Menschen haben bei den schrecklichsten Ereignissen nur ein Achselzucken übrig. Andere erleben einen
gewaltigen Schock, brechen in Tränen aus, und ihr ganzer Körper zittert sichtlich. Es gibt keine objektive Antwort, denn die
Menschen gehen mit ihren Eindrücken von Ereignissen auf verschiedene Weisen um, aber es ist eine gute Reaktion, ein wahrer
Zeuge zu sein.

Ein wahrer Zeuge verbindet sich mit dem Leben und wendet
Achtsamkeit an, indem er Bewusstheit und Einsicht zur Lösung

von Leiden einsetzt. Die folgende Geschichte veranschaulicht ein effektives Zeuge sein. Außerhalb eines Lokals in Darwin in Australien begann zwischen einer Gruppe von Männern ein Kampf mit zerbrochenen Gläsern und Flaschen. Die Szene versetzte manche Menschen in Angst, während andere die Straße überquerten, weil sie nicht einbezogen werden wollten. Zwei junge Frauen, die die Partnerinnen von zwei der kämpfenden Männer zu sein schienen, brachen auf dem Bürgersteig in Tränen aus und schrien: »Tut doch etwas! Tut doch etwas!« Mehrere Minuten vergingen, bevor die Polizei ankam.

Während dieser Zeit ging eine Frau mittleren Alters zu der Gruppe der kämpfenden Männer und sprach ganz ruhig und freundlich zu ihnen. Sie waren so schockiert, dass sie mit dem Kämpfen aufhörten und begannen, sie anzuschreien und zu beschimpfen, damit sie weggehen solle. Die Frau war furchtlos und machte weder einen einzigen Schritt zurück noch erhob sie ihre Stimme. Sie sprach einfach weiter. Während sie sich gegenseitig die Fäuste zeigten, stürmten die Männer in verschiedene Richtungen davon. Sie war Zeugin. Sie handelte. Sie ergriff nicht Partei. Sie löste einen Kampf auf. Schaulustige, die das Handgemenge beobachteten, brachen in Applaus aus. Die Frau sagte nichts und setzte ihren Heimweg fort.

Wir haben keine Ahnung davon, was die mutige Frau innerlich erlebte, als sie diejenigen konfrontierte, die in den Kampf verwickelt waren. Aber sie hat ganz klar einer inneren Angst nicht erlaubt, sie von ihrer Handlung abzuhalten. Eine Sache ist es, solchen Mut anzuerkennen, jedoch ist es bedeutender, dass wir solche Schritte üben, auch wenn wir innerlich zittern angesichts einer konfrontierenden Situation.

## Die Reaktion auf Schmerz und Angst

Nach einem anfänglichen Erleben einer schmerzhaften oder erschreckenden Situation, die Gefühle schneller als das Blinken eines Auges entstehen lässt, kann viel stattfinden. Ein momentaner Kontakt kann eine unmittelbare Reaktion hervorrufen, sobald Schmerz gefühlt wird. Lasst uns zur Veranschaulichung ein sehr einfaches Beispiel aus dem häuslichen Bereich nehmen. Wenn wir vergessen, den Topflappen richtig zu halten, so können unsere nackten Finger kurz in Kontakt mit dem Backblech im Ofen kommen, nachdem wir Essen darin zubereitet haben. Wir registrieren den Schmerz, und plötzlich – wie aus heiterem Himmel – stoßen wir einen Fluch aus, selbst wenn wir in unserem täglichen Vokabular niemals ein solches Wort benutzen. Dann knallen wir als Reaktion die Backofentür zu. Ein Moment eines schmerzhaften Sinneskontaktes bildet die Bedingung für nachfolgende Ereignisse.

In manchen Situationen, wie beim Verbrennen unserer Finger, ist es ziemlich unwahrscheinlich, dass sich nach dem anfänglichen Vorfall eine negative Reaktion fortsetzt. Jedoch kann sich eine schmerzhafte Situation manchmal auf unser Verhalten lange in der Zukunft auswirken. Wenn ein Kind von einem Hund gebissen wurde, dann ist es möglich, dass die Angst vor Hunden bis ins Erwachsenenalter andauert. Wenn uns jemand in der Vergangenheit Unrecht angetan hat, hegen wir vielleicht Jahre später immer noch Groll.

Wenn wir unsere Reaktionen auf Ereignisse nicht untersuchen, können wir leicht in ein Reaktionsmuster verfallen, das wir mit jeder schmerzhaften Erfahrung wahllos wiederholen. Dieses Muster prägt unsere Art, mit allem, was uns geschieht, umzugehen. Wir sollten lernen, unser Bewusstsein neu auszurichten, sodass die Vergangenheit ganz klar als Vergangenheit anerkannt wird und die Gegenwart und die Zukunft das Potenzial für Veränderung bieten. Vielleicht müssen wir uns tausendmal daran erinnern, damit wir unsere Reaktionen ändern können. Aber wenn wir nicht daran arbeiten, diese Verlagerung vorzunehmen, so werden wir immer weiter nutzlos an dem Schmerz der vergangenen Erfahrungen leiden und so Unglücklichsein und Unbeugsamkeit aufrechterhalten.

Wir sollten bedenken, dass alle Erfahrungen, die wir in der Welt um uns herum erleben, durch unseren Geisteszustand gefiltert werden. Mit anderen Worten: Wir können bis zu einem großen Ausmaß wählen, wie wir auf das Geschehen reagieren. Wir können etwas oft tun, wenig, gar nicht oder etwas dazwischen, je nach dem Zustand unseres Innenlebens. Eine transzendente Sichtweise verwirft nicht die Ereignisse oder unseren Kontakt mit ihnen, bleibt jedoch einfach wach bewusst und warnt uns davor, wenn unsere Reaktionen zu Feindseligkeit oder anderen Negativitäten neigen. Dies kann die Tendenz zu Rachsucht oder Verzweiflung auflösen, die unsere darauf folgenden Wahrnehmungen beherrschen können. So können wir weise handeln.

### Sich der Gefühle und des Geisteszustandes bewusst werden

Es gibt drei Hauptkategorien an Gefühlen und Motivationen, die zu einem negativen Geisteszustand beitragen: das Verfolgen von Wünschen (unsere eigenen Bedürfnisse und Ambitionen); Ablehnung und sich rächen wollen; Neutralität und kein Engagement. Authentisches Wissen über uns selbst und andere erfordert ein Verständnis und eine Bewusstheit für alle drei Arten an Gefühlen und den nachfolgenden Geisteszustand, denn sie beeinflussen hauptsächlich das menschliche Verhalten.

Wir können damit beginnen zu untersuchen, was nach einem anfänglichen Erlebnis eines Problems oder Konflikts in uns selbst geschieht und das Ergebnis begutachten. Wird unsere Reaktion von einem starken Verfolgen des Eigeninteresses oder von Zurückweisung und dem Wunsch zu verletzen motiviert, oder wird sie von Gleichgültigkeit oder Vermeidung bestimmt?

Gefühle ergeben sich aus einem ersten Sinneskontakt wie ein Anblick oder ein Klang, die angenehm, unangenehm oder etwas dazwischen sein können. In einer einzigen Stunde sind wir zahllosen Eindrücken ausgesetzt, die wir kaum registrieren, während andere Sinneskontakte Gefühle entstehen lassen, die sich stark auf unser Bewusstsein auswirken.

Sobald der Geist das Feld der Gefühle – angenehme oder unangenehme – betritt, können wir wahrnehmen, welcher Art diese Gefühle und Eindrücke sind. Dies lässt uns eine Reihe an Gedanken und Reaktionen auf diese Gefühle hervorbringen. Unangenehme Gefühle können leicht negative Erinnerungen aus der Vergangenheit wachrufen, und langanhaltende Eindrücke können negative Ansichten über vergangene, gegenwärtige und zukünftige Ereignisse vermehren. Diese Kombination aus Gefühlen und Erinnerungen kann unser Bewusstsein durchdringen und unsere Wahrnehmung von gegenwärtigen Ereignissen so weit verzerren, dass wir die reine Information nicht mehr von unseren Reaktionen darauf unterscheiden können.

Obwohl die anfängliche Intensität einer vergangenen Reaktion seit Langem verblasst ist, bleibt trotzdem eine grundlegende Meinung im Geist, die nur unsere vorgefasste Ansicht unterstützt. Wir klammern uns an diese Meinungen, weil uns vergangene Ereignisse einst verletzt oder wütend gemacht haben. Dann wird ein inneres Bild dieser Ereignisse wiederbelebt, das die Vorstellung als die wahre Realität des Geschehens betrachtet, anstatt zuzugeben, dass die Erinnerung und die Negativität sich miteinander vermischt und ein verzerrtes Bild erschaffen haben.

Sobald diese Sicht in unserem Geist Form annimmt, erzeugt sie weiteres Anhaften daran und führt zu Arroganz, Streit und

Vorwürfen gegenüber anderen. Wenn wir so an dieser abwehrenden Sicht der Ereignisse festhalten, sind wir innerlich blind und können keinen anderen Standpunkt tolerieren. Der Geist schrumpft zu dieser engen Sichtweise, verteidigt sich vor Kritik und wird intolerant gegenüber anderen Wahrnehmungen.

Jedoch können sich die Umstände sowie unsere Wahrheit eines Tages verändern. Wir beschützen die Wahrheit, wenn wir unsere Meinung über eine Situation einfach als unsere Meinung sehen können. Wenn wir nicht an unserer Ansicht haften, können andere Reaktionen aufkommen, die nicht wieder dasselbe wachrufen trotz der Kontinuität vieler Gefühle. Uns selbst zu kennen, bedeutet zu wissen, dass dieser Prozess arbeitet und wir dann Zeuge davon sein können, welches Stadium dieses Prozesses wir erleben. Wenn wir uns selbst nicht betrachten, dann werden wir wahrscheinlich von einem unangenehmen Gefühl zu einer hitzigen Reaktion, gefolgt von Aggression, kommen.

Ein konservativer, religiöser Mann war sehr stolz auf seinen Sohn und liebte ihn tief. Eines Tages erzählte ihm sein Sohn, dass er schwul sei. Der Mann war so sehr schockiert, dass er zwei Monate lang nicht mit seinem Sohn sprechen konnte. Er hielt Homosexualität immer für moralisch verwerflich. Da er jedoch wusste, dass sein Sohn ein guter Mensch war, konnte er seine Meinung überdenken und letzten Endes seine Ansicht verlagern. Vater und Sohn wurden wieder versöhnt. Solche Reaktionen können sowohl bei Gruppen als auch bei Individuen auftreten. Jedes Jahr lesen wir in Zeitschriften über politische und religiöse Gruppen, die um einen Glauben eine Kultur der engen Exklusivität entwickeln. Solche Gruppen können schließlich bei anderen Schrecken hervorrufen, und die Gesellschaft kann umgekehrt genauso reagieren.

Wenn wir wissen, dass unsere Reaktion unklug und ungesund ist, dann sollten wir uns dazu verpflichten, unsere gesamte Haltung zu transformieren. Die verschiedenen Reflexionen, Meditationen und Übungen in diesem Buch bieten ein Training an, um innere Veränderung, eine neue Wahrnehmung und Vision zu erlangen, mit denen wir bei wichtigen Angelegenheiten arbeiten können, wie überwältigend diese zu der Zeit auch sein mögen. Mit einem inneren Verständnis können wir uns davor bewahren, tief in den Sumpf von Unglücklichsein und gedankenlosen Reaktionen zu sinken. Andererseits kann – angesichts einer erschreckenden Situation – unser Innenleben in eine destruktive Spirale von negativen Reaktionen geraten, die alles Gute und Schöne in uns vertreibt.

## Die negative Kraft der Begierde

Leiden entsteht durch das, was existiert oder nicht existiert, was gegenwärtig oder nicht gegenwärtig ist. Existenz oder Nichtexistenz – ob von Materiellem oder Nichtmateriellem – ist verknüpft mit dem Prozess aus Sinneskontakten, Gefühlen, Gedanken und Wünschen. Wenn wir nicht in der Lage sind, die An- oder Abwesenheit zu akzeptieren, dann kann die Kraft unseres Wunsches – das Verfolgen unseres eigenen Programms – uns zu einer Handlung veranlassen, die anderen absichtlich Leid zufügt. Im Fall eines Konfliktes mit einer anderen Person können die Spannung und der Druck so sehr zunehmen, dass wir die andere Person ständig kritisieren wollen und wir sie vielleicht sogar verbal oder körperlich angreifen, wenn diese Mentalität vorhanden ist. Wenn wir uns unseren negativen Gefühlen nicht zugewandt haben, so können wir noch Jahre später versuchen, unsere vergangenen Handlungen zu rechtfertigen, und verstehen weder kontroverse Ansichten noch die Verletzung, die wir anderen zugefügt haben.

Ohne einen unparteiischen Zeugen zwingt uns die dunkle Kraft der aggressiven Begierde, nur daran zu denken, was existiert, und das fortzusetzen, selbst wenn es schmerzhaft sein sollte, oder das Existierende loszuwerden. Weisheit bedeutet auch, mit Angelegenheiten – seien sie anwesend oder abwesend – sowie mit deren Veränderung – sei diese groß oder klein – geschickt umzugehen.

In der Geschichte von Julie und ihrer Mutter zu Beginn dieses Kapitels können wir sehen, wie jeder von ihnen hartnäckig seinen Wunsch nach Kontrolle der Beziehung verfolgte und somit zum kompletten Bruch beisteuerte. In diesem Fall konnte Julie schließlich ihre Ansicht darüber so verändern, dass sie als unparteiische Zeugin von Wut und Vergeltung handeln konnte und damit die Perspektive bei sich selbst und dann bei ihrer Mutter verlagern konnte. Wer zuerst die Verlagerung vornimmt, drückt einen größeren Grad an emotionaler Reife aus.

Beim Ausdehnen unserer spirituellen Bewusstheit müssen wir Begierde, Arroganz und starre Standpunkte in uns so beobachten lernen, dass wir solche Gefühle als Kräfte verstehen, die das Bedürfnis nach Vergeltung hervorrufen. Wenn das Ego (selbstbezogene Begierde) unser Denken beherrscht, kann sich keine spirituelle Weisheit entwickeln. Deshalb sollten wir lernen, einen Schritt von diesem Egoismus zurückzutreten, um ihm die Macht zu entziehen.

### Umgang mit dem Terror in der Welt um uns herum

Bedeutende Katastrophen, besonders solche, die durch menschliches Handeln verursacht wurden, haben enorme und bleibende Auswirkungen auf die Gesellschaft. Wir sollten neue Wege ermitteln, um mit solchen Situationen umzugehen, und lernen, mit der Kraft einer spirituellen Perspektive zu reagieren, die Versöhnung statt Vergeltung sucht. Im Tao Te King, einem alten chinesischen Text, schrieb der weise Lao Tse: »Setze dem Übel nichts entgegen, und es wird von selbst verschwinden.« Dieses

Prinzip gilt sowohl für persönliche als auch für internationale Situationen.

Um das weite Feld von schmerzhafter Erfahrung zu untersuchen, sollten wir uns mit Gewissensprüfung beschäftigen, was außerordentlich schwierig sein kann. Wir leisten dagegen Widerstand, und es fällt uns vielleicht schwer, den Wunsch nach Vergeltung als Reaktion auf den Schmerz, den wir und unsere Nächsten zugefügt bekamen, zu vermeiden. Sobald wir uns selbst ehrlich betrachten, werden sich uns wahrscheinlich solche Fragen stellen wie: »Was ist mit ihnen?« An dieser Stelle sollten wir untersuchen, wie wir den Glauben an »wir und sie« verstärken. Das ist sehr schwierig. Tragische Ereignisse können entweder weiterhin das »wir und sie«-Syndrom mit seinen schmerzhaften Konsequenzen verstärken, oder sie können uns dazu inspirieren, diese Trennung aufzugeben und die Dinge auf neue Weise wahrzunehmen.

Wir sollten erkennen, dass Gewalt anderen Schmerz und Leid bringt, ob dies in einem »offiziellen Krieg« oder durch eine terroristische Handlung geschieht. Wenn wir irgendwo tief in uns selbst fühlen, dass Schuld und ihre Intensivierung durch Vergeltung nur die schmerzhaften Konsequenzen wieder aufbereiten, müssen wir unsere Reaktionen auf solche politischen Lösungen wie Krieg zu führen, um Krieg zu stoppen, untersuchen.

In den östlichen Traditionen wird dieser Kreislauf als Karma bezeichnet. Streng genommen verweist es auf den unbefriedigenden Einfluss der Vergangenheit auf die Gegenwart. Wenn diese Einflüsse nicht untersucht werden, erfahren wir die schmerzhafte Frucht von Karma. Das Untersuchen von Karma führt zu seiner Transformation und dem Ende des schmerzhaften Kreislaufs aus Problemen und Leiden. Einsicht und Weisheit lösen den Kreislauf von Karma auf.

Mit diesem Verständnis sollten wir eine neue Art Beziehung zu denjenigen, die ihren Zorn anderen aufdrängen wollen, untersuchen. Diese Absicht kennzeichnet den Beginn einer spirituellen Suche, die einen neuen Ansatz für Koexistenz aufdeckt. Jesus sagte in einer berühmten Rede seinen Zuhörern, dass sie die »andere Wange hinhalten« sollten, wenn sie jemand auf die eine schlägt. Das bedeutet, unsere Reaktion auf die gewalttätigen Handlungen von anderen neu auszurichten, zu einem viel aktiveren Ansatz als die übliche Interpretation dieser Philosophie – die blinde Einwilligung in Wut und Gewalt.

Manchmal müssen wir uns an die Worte von Mahatma Gandhi, dem großen indischen gewaltlosen Aktivisten gegen die Ungerechtigkeit der britischen Kolonialherrschaft in Indien, erinnern, der sagte, dass, wenn wir das Auge-für-Auge-Prinzip für Gerechtigkeit anwenden, die ganze Welt blind werden wird. Mit anderen Worten, wenn wir die andere Wange hinhalten, so zeigt dies, dass wir vor einem Feind weder Angst haben noch uns ihm beugen, sondern die Geisteskraft haben, um vollkommen anders zu reagieren, als der Feind erwartet. Mit östlichen Begriffen ausgedrückt bedeutet es, wenn wir Initiative, Mut und Vision aufbringen, dass wir das alte Karma aufgelöst haben, das Reaktion auf Reaktion folgen und Hass Hass erzeugen ließ.

## Konflikt umwandeln

Wir leben eine verletzliche Existenz, zum Beispiel in Kriegen, bei tragischen Umständen oder bei Naturkatastrophen, ohne jegliche Sicherheit für das Morgen, wie viel Erfüllung oder Erfolg das Heute auch bringt. Wenn uns jedoch andere absichtlich Schmerz zufügen, zahlen wir schnell Gleiches mit Gleichem zurück. Wollen wir das wirklich tun? Das ist das Kernproblem, das wir angehen sollten, wenn wir Konflikte auf neue Weise lösen wollen.

Wenn in der Welt um uns herum schreckliche Ereignisse geschehen, haben wir gewöhnlich nur wenig Wahlmöglichkeiten
zu handeln. Jedoch können wir unser Leben fortführen, indem
wir weiterhin all die notwendigen kleinen Dinge erledigen, die
unsere Existenz ausmachen. Für manche von uns mag die internationale Spannung die normalen Sorgen im Hinblick auf die
Zukunft sehr anwachsen lassen. Was werden unsere Führer als
Nächstes tun? Was planen diejenigen, die uns hassen, als Nächstes? Warum laufen die Dinge so schrecklich falsch? Warum
müssen so viele unschuldige Menschen leiden? Was können wir
tun? Wir sollten lernen, mit Fragen zu leben, die in der Gegenwart oder der nahen Zukunft scheinbar nicht zu beantworten
sind. Diese Fragen verlassen uns vielleicht niemals.

Im Laufe der Geschichte hat die Menschheit das dualistische
Muster von »uns und sie« beständig neu erschaffen. »Sie« un-
terstreichen »uns«, und »wir« untermauern »sie«. Wir erkennen
nicht unsere gemeinsame Menschheit. Stattdessen erklärt das
Selbst dem Selbst den Krieg. Manchmal scheinen internationale
Konflikte ein privates Muster zwischen konkurrierenden politi-
schen und militärischen Kräften zu sein, die auf jede denkbare
Weise versuchen, eine Situation durch das Zunichtemachen der
Bedrohung zu kontrollieren. Uns bleibt eine widersprüchliche
Botschaft: Nichts wird so bleiben, wie es war, und trotzdem
muss sich nichts verändern.

Ehrliche Reflexion und Gewissensprüfung führt die Menschen in der ganzen Welt enger zusammen. So können wir erkennen, dass wir mehr gemeinsam haben als uns trennt. Wir
sollten lernen, anders über andere zu denken und uns in nicht-
militärischer Weise miteinander zu verbinden.

Wenn wir über einer Situation stehen, bei der eine Seite der
anderen Leid zufügt, und wir uns weigern, Partei zu ergreifen,
so können wir eine andere Bewusstheit erlangen, die nicht von

Emotionen, latenten Vorurteilen und lang anhaltendem, abwehrendem Denken gefärbt wird.

Wie finden wir eine neue Betrachtung? Wie können wir Zeuge eines Geschehens sein, ohne Partei zu ergreifen? Was bedeutet es, jenseits der bedingten Loyalitätsgefühle zu schauen? Was bringt uns dazu, eine bestimmte Version der Realität zu glauben und zu akzeptieren? Was führt uns dazu, eine andere Version, die unserer Sicht entgegengesetzt ist, zurückzuweisen? Bei solchen Fragen sollten wir uns an den Wert des nichtanhaftenden Zeugen erinnern, der bereit ist, Wege und Mittel zu erforschen, um Konflikte aufzulösen. Wir sollten uns auch nicht davor scheuen, die Versionen der Realität, die durch den Filter unserer Medien gehen, anzuzweifeln.

Die Aufgabe eines Zeugen besteht darin, tief zu graben und sich jenseits der bruchstückhaften Sicht zu begeben, um eine ganzheitliche Sichtweise zu verwirklichen. Auf diese Weise ist es möglich, die Intensität von Feindschaft und der Reibung bei gegensätzlichen Standpunkten aufzulösen und sich entschieden konstruktiv zu engagieren. Wir können Empathie mit den Leidenden fühlen. Das bedeutet, zu einer tiefen spirituellen Annäherung an Konflikte zu erwachen.

Obwohl ein authentisches spirituelles Leben nicht einfach zu erlangen ist, so sorgt es doch leidenschaftlich für die Leidenden, während es gewillt bleibt, die Ursachen und Bedingungen, die zum Leiden führen, nüchtern zu erforschen. Der Buddha erklärte wiederholt, dass er nur zwei Dinge lehre: »In dieser Welt gibt es Leiden. In dieser Welt gibt es das Ende des Leidens.« Er war gegen den Gebrauch von Gewalt, um Konflikte zu lösen: Wenn jemand Menschen tötet, blutrünstig ist und Blut an seinen Händen hat, handgreiflich, gewalttätig und unbarmherzig ist, dann vermehren sich die unheilsamen Geisteszustände und die heilsamen verringern sich. Deshalb enthält er sich vom Verwunden, vom Töten, vom Plündern und von der Gewalt, er tötet keine Menschen mehr und legt seine Waffen beiseite.

Das menschliche Verhalten ist oft widersprüchlich: Vielleicht wollen wir das persönliche Leiden auflösen und überschütten andere gleichzeitig mit Beschimpfungen und Verurteilungen. Das gibt uns eine gewisse Selbstzufriedenheit, verändert jedoch nichts. Wir müssen für uns selbst die Bedingungen herausfinden, die Leiden entstehen und beenden lassen, anstatt rachsüchtig und boshaft zu leben. Ein Zeuge betrachtet die Natur des Leidens, sieht die Fixierung der wahrgenommenen Unterschiede und bemüht sich, ein neues Verständnis zu entfalten, das das Separieren beendet. Wir müssen Mut zeigen und Alternativen erforschen. Der Buddha sagte, dass mitfühlendes Handeln Priorität hat, um den Kreislauf des Leidens zu transformieren.

## Konflikt auflösen

Im folgenden Abschnitt werden sieben wichtige Bereiche, die zum Lösen von Konflikten beitragen, betrachtet. Ich glaube, dass sie für alle Situationen gelten, ob in unserem persönlichen Leben oder in der weiteren Arena der intensiven Konflikte zwischen Gemeinschaften oder Nationen. Ein Konflikt zu Hause oder am Arbeitsplatz kann oft vermieden werden, wenn du dich daran erinnerst, dass jeder einen Anspruch auf seine Sichtweise hat.

1. Erkläre ohne Konfrontation allen beteiligten Parteien den Wert deines Versuches, das Problem zu lösen. Das bedeutet zu zeigen, dass deine Initiative die Bedürfnisse der anderen Partei genauso anerkennt wie deine eigenen. Die Vorschläge sollten praktisch, konkret und wirklich hilfreich sein.

2. Bemühe dich darum, die andere Seite zu verstehen, wie schwierig dies auch zu sein scheint. Vielleicht musst du sie dazu ermu-

tigen, ihre Probleme zu klären, sodass sich eine Lösung für jede Seite praktikabel und machbar anfühlt.

3. Bemühe dich darum, einen Vermittler oder eine dritte Partei zu finden, die frei von Vorurteil für die Mediation ist. Wenn eine Seite in den Unterschieden festsitzt und nicht in der Lage ist, eine gemeinsame Grundlage zu finden, um den gegenseitigen Interessen zu dienen, dann sind die Methoden des nichtanhaftenden Zeugen, der beim Verfahren vermitteln kann, von unschätzbarem Wert. Eine Aussprache – ob auf der persönlichen oder der politischen Ebene – kann notwendig werden.

4. Verfange dich nicht in dem Angriffs-Verteidigungs-Syndrom, weil dies ein destruktiver Kreislauf ist. Jede Seite glaubt wahrscheinlich, dass sie Recht hat und die andere unvernünftig oder unflexibel ist (siehe Julie und ihre Familie, Seite 38-39). In der Hitze des Gefechts können intolerante und aggressive Behauptungen gemacht werden, die bei der anderen Seite eine ähnliche Reaktion auslösen können.

5. Behandele die Position der anderen Seite als Standpunkt, als Möglichkeit, die sie befürwortet, ohne sie anzugreifen. Vollführe innere Arbeit – wie Meditation – vor und während einer intensiven Begegnung, damit du ruhig, gelassen und rücksichtsvoll bleiben kannst, was auch immer du hörst.

6. Betrachte deine Position als eine Option, die offen dafür ist, dass andere sie infrage stellen. Bei der Kommunikation sollte es keinen Absolutismus geben, sondern eine wachsende Fähigkeit, einen Standpunkt einfach als Standpunkt zu betrachten. Nicht nur das, was wir sagen, ist bedeutsam, sondern auch der Ton und die Haltung.

7. Behandle einen Angriff, wie verletzend oder destruktiv er auch immer sein mag, als einen Ausdruck des Wunsches, das Problem zu lösen. Manchmal kann eine Seite in eine verbitterte Schimpfkanonade gegenüber der anderen verfallen. Das scheint unfair

und ungerecht zu sein, aber der Angreifer drückt damit – zwar ungeschickt – den Wunsch aus, das Problem zu lösen.

## Meditation der liebenden Güte gegenüber drei Arten von Menschen

Praktiziere diese Meditation für alle drei Arten von Menschen regelmäßig. Manchmal wirst du dich aufgrund der Umstände auf eine bestimmte Gruppe konzentrieren. Während du die Sätze sprichst, erinnere dich daran, die Worte im Herzen zu fühlen. Es kann sich lohnen, uns an diese oder ähnliche Sätze zu erinnern, damit wir eine liebende Präsenz stetig in unserem Herzen halten, wann immer wir mit anderen in Kontakt treten. (Diese Meditation stammt aus dem Buch »Buddhist Wisdom for Daily Living« des Autors.)

### Für geliebte Menschen

- Möge ich deine Absichten immer anerkennen und verstehen.
- Möge ich dich immer unterstützen, wenn du es brauchst.
- Möge ich niemals Forderungen an dich stellen und Druck auf dich ausüben.
- Mögest du glücklich und zufrieden sein.
- Mögen in deinem Leben Zufriedenheit und Freude vorherrschen.
- Mögest du von einem Tag zum nächsten friedlich und stabil sein.
- Mögen deine Liebe und Freundschaft für andere verlässlich bleiben.

### Für Fremde

- Möge ich bei der Begegnung mit dir nicht urteilen.
- Möge ich Freundschaft und Präsenz für dich zeigen.
- Möge ich in deiner Anwesenheit klar und weise kommunizieren.

- Möge dein Tag wertvoll und lohnend sein.
- Mögest du in allen Dingen achtsam und bewusst handeln.
- Möge dich jeder mit Respekt behandeln.
- Mögest du zu jedem, dem du begegnest, freundlich sein.
- Möge dein Tag frei von Angst und Sorge sein.
- Mögest du heute Nacht gut und friedlich schlafen.

## Für einen unfreundlichen Menschen

- Mögen deine Bitterkeit und dein Ärger schnell nachlassen.
- Mögest du den Schmerz, den du dir selbst und anderen zufügst, verstehen.
- Mögest du neue Wege entdecken, um mit Differenzen umzugehen.
- Mögest du die Angst hinter der Wut sehen.
- Mögest du Gleichmut entwickeln, wenn die Dinge nicht nach deinem Willen laufen.
- Mögen andere nicht mehr wütend auf dich sein.
- Mögest du erkennen, dass Wut nicht mit Wut zu beenden ist.
- Mögest du anderen und andere dir zuhören.

# III    Angst und Wut überwinden

*Worte der Weisheit,*
*die sanft gesprochen werden,*
*ergeben sehr viel mehr Sinn*
*als die Schreie der Herrscher*
*zu einer Menge von Narren.*
*Weisheit ist viel machtvoller als Waffen.*
ECCLESIASTES 9:17

Auf den ersten Blick scheinen Angst und Wut zwei ganz verschiedene Gefühle zu sein. Jedoch hängen diese beiden Emotionen sehr eng miteinander zusammen und nähren sich gegenseitig. Angst lädt Wut ein, und Wut erzeugt Angst. Vielleicht hast du beobachtet, wie ein Hund, der vor Angst in einer Ecke wimmert, wenn ihn ein anderer Hund bedroht, sich plötzlich umdreht und den Aggressor angreift und ihn zum Rückzug zwingt oder ihn sogar noch aggressiver werden lässt. Solch schnelles Umschalten zwischen Angst und Wut tritt auch häufig bei menschlichen Interaktionen auf, aber dieser Kreislauf kann transformiert werden.

## Die Natur der Angst

Angst ist eine Art mentaler Verzweiflung, die wir erleben, wenn wir mit Ereignissen oder Handlungen von anderen in Berührung kommen, die unsere Geborgenheit oder Sicherheit zu bedrohen scheinen. Der Einfluss solcher Ereignisse kann uns tief in unserem Sein erschüttern oder beunruhigen. In vielen Fällen vermischt sich die Erinnerung vergangener Episoden von Angst mit neuen Informationen, sodass unsere Gefühle so weit eskalieren, dass wir den Eindruck haben, mit den Dingen nicht mehr zurechtzukommen. Das gesamte Gefüge unserer Existenz scheint gefährdet zu sein, sodass auch eine Fortsetzung ungewiss ist.

Sind wir in dieses erschreckende Chaos gestürzt, so kämpfen wir uns wahrscheinlich durch schlaflose Nächte und undisziplinierte Tage und versuchen, uns nicht in die inneren Qualen fallen zu lassen. Andere Menschen können sie zwar in uns spüren, aber nicht selbst fühlen. Das ist die Hölle. Kein anderes Wort beschreibt diesen Zustand passender. Keine Erfahrung ist mit dem Alptraum vergleichbar, der zu der Zeit niemals zu enden scheint.

Mitten in solch einem emotionalen Aufruhr ist es fast unmöglich, dem Geschehen irgendeinen Sinn zu verleihen. Nachdem das anfängliche Trauma nachgelassen hat, ist es jedoch unerlässlich, sich der hinterlassenen Gefühle bewusst zu werden, denn diese emotionalen Reste werden zukünftige Gefühle und Gedanken bestimmen. Ist das restliche Gefühl Angst? Oder Mut? Oder Wut? Oder Freundlichkeit oder Klarheit? Während die Erinnerung an den emotionalen inneren Aufruhr verblasst, können die Gefühle durch einen Rest in unserem Herzen weiterhin unser Leben beeinflussen. Es ist ein wenig wie ein Fleck auf einer wertvollen Tischdecke. Wenn wir uns auf den Fleck konzentrieren, können wir zu dem Schluss kommen, dass die gesamte Tischdecke ruiniert ist. Obwohl wir uns anfangs vielleicht traurig fühlen, weil etwas verdorben ist, sollten wir jedoch realisieren, dass sich die Umstände verändern können. Genau wie das Tischtuch durch wiederholtes Waschen wieder hergestellt werden kann, können unsere verbleibenden Gefühle durch ständige Gewissensprüfung verändert werden.

Wenn wir nicht zugeben, was geschehen ist, so werden diese Reaktionswellen auf schmerzhafte Ereignisse weiterhin tief aus unserem Sein an die Oberfläche steigen, wie Vulkanausbrüche, die uns keine Zeit lassen, uns zu erholen. Jede neue Krise droht, unsere sorgfältig aufgebaute Welt hinwegzufegen. Nichts fühlt sich richtig an, nichts fühlt sich wertvoll an, und die Vorstellung, dass der Existenz ein Zweck innewohnt, scheint wirklich abwegig zu sein.

Für manche kann Angst im Extremfall zu einer emotionalen Gefangenschaft werden. In solchen Fällen muss man Lektionen darüber lernen, wie man einen Schritt nach dem anderen machen kann, woran uns die folgende Geschichte erinnert.

Nach drei Jahren erzwungenen Eingesperrtseins in einer psychiatrischen Klinik wurde einem jungen, obdachlosen Mann mitgeteilt, dass er das Krankenhaus verlassen könne. Jedoch hatte der bekümmerte Patient Angst davor, die Sicherheit der Station in der fünften Etage zu verlassen, und widersetzte sich deshalb allen Bemühungen, nach unten zum Haupteingang in seine Freiheit zu gehen.

Ein psychiatrischer Krankenpfleger nahm den Patienten unter seine Fittiche, um ihm zu helfen, seine Angst zu überwinden. Der Krankenpfleger traf mit dem jungen Mann ein einfaches Abkommen. Er bat ihn, jeden Tag einen kleinen Schritt zu machen. Der Krankenpfleger malte mit Kreide an der Stelle auf dem Boden eine Linie, an der der letzte Schritt endete. Am Tag darauf machte der junge Mann von dieser Linie aus einen weiteren Schritt.

Über Wochen hinweg ging der junge Mann durch fünf Stockwerke hinunter zum Haupteingang. Der Krankenpfleger hat seinen Übergang in die Welt erfolgreich unterstützt, indem er dem Patienten half, allmählich seine Angst davor, all das, was er hatte – ein Leben auf einer Station einer psychiatrischen Klinik – loszulassen. Wir können von uns selbst zu viel verlangen, wenn wir denken, dass wir Angst in einem Augenblick überwinden könnten.

## Verschiedene Ängste

Wenn wir uns verschiedene Situationen in der Zukunft ausmalen, so kann das unsere Fähigkeit, ruhig zu bleiben, herausfordern und uns zu einem Gefühl, das wir als Angst kennen, führen. Es gibt die folgenden Hauptkategorien an Ängsten: Angst vor Verlust dessen, was wir haben (einschließlich der Angst vor Verlust der Gesundheit oder des Lebens); Angst davor, was andere Menschen über uns denken oder sagen; Angst davor, mentalen Schmerz zu erleben.

Das alte Sprichwort: »Bist du gewarnt, bist du gewappnet«, trifft sicher auf Angst zu. Wir sollten mit den kleinen Ängsten unseres täglichen Lebens arbeiten, um uns als menschliche Wesen zu entwickeln und zu reifen. Ignorieren wir die täglichen Ängste, werden wir nicht fähig sein, mit unseren größten Ängsten umzugehen, wenn wir zu ihrer Konfrontation gezwungen werden. Das kann uns in Depression oder in Vergeltungsmaßnahmen stürzen.

### Angst vor Verlust dessen, was wir haben

Die weitverbreitete Beschäftigung mit Haben und Besitz ist tatsächlich eine Form von Begierde, die von der Angst, nicht zu haben und nicht zu besitzen, angetrieben wird. Manchmal scheint es, dass, je mehr wir haben und je teurer unsere Besitztümer sind, desto mehr wir uns vor deren Verlust ängstigen. An einem gewissen Punkt ist es fraglich, ob das Vergnügen am Besitz die Angst vor seinem Verlust überwiegt.

Jedoch ist die Angst vor Verlust nicht exklusiv den wohlhabenden Gesellschaften vorbehalten. Sie kann jeden zu jeder Zeit überall auf der Erde befallen. Manchmal scheint das Leid bei sehr armen Menschen ein größeres Ausmaß zu erreichen als bei den wohlhabenden und privilegierten Menschen. Wenn du nichts besitzt außer einer Familie, die du liebst und für die du sorgst, und einer einfachen Hütte mit ein oder zwei Gegenständen zum Kochen und für den Ackerbau, dann investierst du all deine Gefühle, deine Hoffnungen und Ängste in diese wenigen Dinge, die du hast. Es ist herzzerreißend, all dies zu verlieren oder bedroht zu sehen, unter welchen Umständen das auch immer geschieht. Das Leben wird zu einem Kampf mit dem, was uns das Schicksal bringt, und zu einer beständigen Anstrengung, mit all den damit verbundenen Ängsten umzugehen. Negative Ereignisse, ob lokal, national oder international, ob durch Gewalt, durch Krankheit, durch Naturkatastrophen oder durch den Verlust des Lebensunterhalts entstanden, bringen den Armen tiefe Verzweiflung und Trauer. Das können die Wohlhabenden durch den Zugang zu Medikamenten, zu professioneller Hilfe, zu Versicherungen, zu Reisen und durch die emotionale Flucht in Fernsehen und Arbeit vermeiden.

Sowohl die Privilegierten als auch die Unterprivilegierten sind der Angst vor dem Verlust ihrer geliebten Menschen ausgesetzt. Es ist niemals leicht, mit der Existenz, die sich ständig verändert, unzuverlässig ist, keine Garantie für Kontinuität oder für eine nachhaltige Sicherheit in der Beziehung zu anderen bietet, umzugehen.

Wenn es uns schwerfällt, diese harten Tatsachen des Lebens zu akzeptieren, dann fühlen wir Unsicherheit, die sich manchmal als Angst oder Wut über den unkontrollierbaren Lebensfluss zeigt. Die Bibel erinnert uns daran, dass alles seine Zeit hat, einschließlich Geburt und Tod, Pflanzen und Ernten, Lachen und Weinen, Umarmen und Abschied, Finden und Verlieren, Liebe und Hass, Krieg und Frieden.

## Angst davor, was andere über uns denken oder sagen

Mit unserem Bedürfnis nach Anerkennung und der Angst vor Missbilligung in unserem täglichen Leben sind wir ständig darauf bedacht, uns selbst zu rechtfertigen und uns für die Wahrnehmung anderer annehmbar und angenehm zu machen. Solche Anstrengungen nehmen dem Leben nicht nur die Freude, sondern lässt uns auch anfällig werden für das Übernehmen von Schuld, für das Finden von Fehlern und das Abschieben von Negativität auf uns. Es scheint keinen Unterschied zu machen, ob wir uns selbst schuldlos oder schuldig oder etwas von beiden oder einfach missverstanden fühlen. Ob die Meinung anderer Menschen die Wahrheit reflektiert, ist letzten Endes für diejenigen, die Angst davor haben, was über sie gesagt wird, wenig relevant. Wenn wir unsere Angst vor der Meinung anderer über uns transzendieren, erlangen wir die innere Kraft, mit der wir die Wahrheit aushalten können, unabhängig davon, was andere Menschen denken.

Wünsche, Vorstellungen, Gefühle und Gedanken festigen und unterstützen die unterschwellige Tendenz, gefallen, geliebt und geschätzt werden zu wollen. Der Wunsch nach einer solchen Aufmerksamkeit und die Forderungen, die oft damit einhergehen, verhindern wahre Freundschaft und schaffen weiteren Selbstzweifel. Für manche bestimmen die subtile Körpersprache oder die Worte anderer, ob ein Tag gut oder schlecht ist. Wenn wir anderen solche Macht über unseren Geisteszustand gewähren, ist unsere Existenz oberflächlich und wir ignorieren den tiefen Nutzen einer wertvollen Existenz.

Die Leerheit einer Existenz, die sich darum bemüht, von anderen anerkannt zu werden, wird von der Erfahrung eines französischen Filmstars beschrieben: »Millionen Männer auf der ganzen Welt bewundern mich, aber ich wünsche mir, dass nur ein Mann mich wirklich liebt.« Sie erzählte einem Reporter, dass sie einsame Nächte damit verbringt, Cocktails aus Drogen und Alkohol zu sich zu nehmen und ihr Kopfkissen mit Tränen zu durchnässen.

Obwohl die übertriebene Sorge um die Meinung anderer schädlich sein kann, sollten wir doch unseren Eindruck auf andere ehrlich einschätzen. Manche Menschen scheinen sich überhaupt nicht darum zu kümmern, was andere über sie denken. Sie glauben ihrer selbst erschaffenen Geschichte, dass sie tun können, was sie wollen, ohne Rücksicht auf die Ansicht anderer. Indem sie sich das zweifelhafte Vergnügen einer traurigen Berühmtheit gönnen, begehen sie Handlungen, um Aufmerksamkeit – einschließlich feindseliger – von anderen zu erhalten. Auf diese Weise zeigen sie auch ihre Abhängigkeit davon, was andere über sie denken, sei dies als Lob oder Tadel geäußert. Diese sich selbst schätzenden Menschen, die mit ihren inneren Bedürfnissen nicht in Kontakt stehen und deren Wirken auch nicht verstehen, werden sowohl von den positiven als auch von den negativen Gedanken, die niemals aufgelöst wurden, beeinflusst.

Die Haltung »Jeder andere hat Unrecht, nur ich habe Recht« kann unsere Maxime werden, wenn sich die Worte und Handlungen anderer auf unser Leben auswirken. Der Wunsch nach Anerkennung und der Widerstand gegen Missbilligung sind die zwei Seiten derselben Medaille. Wir haben anderen die Macht erteilt, unseren Geist hin und her zu treiben, anstatt auf die – innere oder äußere – Stimme der Weisheit zu reagieren. Wir erlauben anderen, über unseren Geistesfrieden oder dessen Fehlen zu bestimmen, anstatt uns anders zu besinnen, um von der Reaktion zur Einsicht, von Feindseligkeit zu konstruktivem Engagement, von Rache zum Bemühen um Verständnis zu gelangen.

Öffentliche Persönlichkeiten, die alles dazu tun, um so vielen Menschen wie möglich zu gefallen, leben in einer Welt, in der sich ihr Geistesfrieden um Lob und Tadel dreht, auch wenn sie behaupten, abgebrüht zu sein. Insbesondere haben ehrgeizige und selbstbezogene Politiker und Berühmtheiten oft Angst davor, öffentlich ihre tiefen Sorgen und Werte zu äußern, und stellen stattdessen unaufrichtige Behauptungen auf, die mit Millionen von anderen übereinstimmen. Im Namen der Popularität billigen sie vielleicht üble Merkmale, die tief im nationalen Charakter verankert sind, zum Beispiel zur Konfliktlösung Krieg zu führen. Wenn uns unsere politischen Führer erzählen, dass sie keine Wahl hätten, so haben sie in gewisser Hinsicht Recht. Sehr selten hat ein menschliches Wesen in einem politischen Amt die Freiheit, eine mitfühlende Wahl zu treffen.

## Angst davor, mentalen Schmerz zu erleben

Hast du während deines Lebens jemals einen ernsthaften Fehler begangen? Hast du jemals auf eine Art gehandelt, die weniger als perfekt war? Hast du jemals etwas getan, das du jetzt als verantwortungslos, arrogant oder einfach irreführend betrachtest? Wie hast du reagiert? Was hast du erlebt? Was hast du danach gefühlt und gedacht?

Im täglichen Leben gibt es zwei Richter: Der eine operiert von außen, und der andere entspringt dem Inneren und handelt oft als Richter, Schöffen, Ankläger, Verteidiger und verurteilende Autorität. Manche Menschen verurteilen sich selbst mit strenger innerer Kritik, die in ihrem Bewusstsein durch Fehlersuche, Selbsttadel und Selbstverdammung aufgrund dessen, was sie getan oder unterlassen haben, wirkt. Dies ist Selbstquälerei, die unsere Gedanken eher verdunkelt statt klärt. Abscheu vor sich selbst ist keine Garantie dafür, dass sich die persönliche Geschichte nicht wiederholen wird.

Zahllose Menschen leben in Angst vor ihrem eigenen Geisteszustand. Wegen ihres geringen Selbstwertgefühls mangelt es ihnen sowohl an inneren als auch an äußeren Ressourcen, um ihre Wahrnehmung zu transformieren, und sie stolpern durch jeden Tag und sind sich nie sicher, ob sie die unausweichlich auftretenden Probleme handhaben können. Dieses niedrige Selbstvertrauen hält uns davon ab, die Probleme innerlich zu lösen. Wir sollten negative Geisteszustände – einschließlich Schuldgefühle, Scham und Selbstablehnung – transzendieren, die die Klarheit unseres Geistes vernebeln und verhindern, dass wir unsere volle Aufmerksamkeit der Problemlösung widmen. Der Buddha sagte, dass uns niemand so viel Schaden zufügen kann wie unser eigener, übel gesinnter Geist. Entschlossen können wir uns absolut klar machen, dass die Vergangenheit die Vergangenheit ist und wir genau wissen, was wir aus vergangenen Fehlern gelernt haben. Wir sollten uns selbst Folgendes fragen: Wie unterscheidet sich unser gegenwärtiges von unserem vergangenen Verständnis? Gibt es die Notwendigkeit für eine Art Sühne? Falls ja, welche Handlung könnte das ausdrücken: Entschädigung, echte Entschuldigung, Bitte um Vergebung oder eine Art spiritueller Verpflichtung?

Vor Jahren hielt ich mich in dem Bergdorf Dharamsala in den Ausläufern des Himalaja in Indien auf, wo nun die tibetische Gemeinschaft lebt, nachdem die Tibeter vor der chinesischen Besatzung geflohen sind. Eines Tages ging ich auf einem Pfad, der sich von McLeod Ganj, einem oberhalb von Dharamsala gelegenen Dorf, durch Nadelwald herunter schlängelte. Bei einem ausgebauten Kuhstall traf ich einen alten und runzligen Tibeter. Seine Hütte war leer bis auf eine abgenutzte Matratze auf dem Fußboden, ein paar Decken und ein oder zwei Kleidungsstücke, die an einem Haken hingen. Er hatte einen rostigen Kocher, einen Kessel und einen Kochtopf. Ein einziges ungerahmtes Foto des Dalai Lama hing an der Wand über seinem Bett.

Neben seiner Matratze lag ein langes Holzbrett, das Buddhisten aus den Ländern des Himalaja, besonders die Tibeter, für ihre Niederwerfungen verwenden, die sie aus dem Stehen mit dem ganzen Körper vollführen. Ich war etwa 30-mal in Indien und viele Male Zeuge, wie sich Tibeter und ebenso zahlreiche Westler in der spirituellen Disziplin der Niederwerfungen üben, während sie gleichzeitig ein Mantra aufsagen.

In dieser kalten Hütte im Himalaja bemerkte ich, dass in dem harten Holz des Bretts an den Stellen, wo die Zehen und Finger aufliegen, wenn sein ganzer Körper am Boden ausgestreckt ist, tiefe Rillen waren. Ich zeigte auf diese Stellen. Er sagte, dass sie aufgrund der Anzahl seiner Niederwerfungen zustande gekommen sind, und erklärte, dass er nach der chinesischen Invasion kämpfte und chinesische Soldaten tötete. In der heutigen Sprache würden ihn manche als »Freiheitskämpfer« bezeichnen.

»Mir ging es sehr schlecht«, erzählte er mir. »Trotz allem waren sie doch Söhne einer Mutter und eines Vaters. Ich habe viel Leiden verursacht. Ich habe für mich sehr schlechtes Karma gemacht und wusste nicht, wie ich die karmische Schuld, die ich auf mich geladen hatte, jemals zurückzahlen kann. Ich entschloss mich, mit diesen Niederwerfungen zu beginnen.« Ich fragte ihn, wie viele er tun wolle. Er antwortete: »Ich habe gelobt, fünf Millionen Niederwerfungen zu machen, und werde nicht aufhören, bevor ich das Gelübde nicht erfüllt habe. Ich muss für das, was ich getan habe, sühnen.« »Was ist, wenn du fühlst, dass das Karma nicht aufgebraucht ist?« »Dann werde ich geloben, weitere fünf Millionen Niederwerfungen zu machen.« Wir tranken zusammen Tee. Dann setzte ich meinen Weg durch die Gebirgsausläufer fort und ließ ihn mit seiner Verpflichtung fortfahren.

Die Tibeter haben durch diese Buße Frieden gefunden. Obwohl seine Form der Buße anscheinend nicht direkt relevant ist in Bezug zu den Handlungen, die seine Reue hervorgerufen

haben, konnte er sich mit der spirituellen Praxis der Niederwerfungen durch sein tiefes Bedauern über seine vergangenen
gewalttätigen Handlungen hindurcharbeiten. Viele verschiedene religiöse Traditionen haben die tiefe innere Bedeutung von
Transformation durch weise, ehrliche und anhaltende Buße zur
Läuterung des Herzens erkannt. Von dieser spirituellen Praxis
könnten viele von uns profitieren, um unseren inneren Schmerz
über vergangene Handlungen zu heilen. In der modernen Welt
gibt es jedoch oft wenig Tendenz zu solch einer Hingabe. Wir
bevorzugen für unser falsches Handeln und den Schaden, den
wir anderen oder uns selbst zugefügt haben, Beratung oder eine
Instantlösung. Religiöser Glaube und Praktiken können die
Qualität unseres Lebens erheblich verbessern, indem sie in uns
die Bereitschaft wecken, uns für Veränderung zu verpflichten.

## Unsere Angst umwandeln

Wenn wir uns irgendeiner der oben aufgeführten Ängste beugen, dann wird unser tägliches Leben bedauerlicherweise
schmerzhaft, und die Angst zerfrisst jegliche Zufriedenheit und
Freude. Ohne dass es uns bewusst ist, können wir tiefe Verzweiflung entwickeln.

Jedoch zollen wir die meiste Zeit der Angst nur wenig wirkliche Aufmerksamkeit, denn sie liegt tief in der Psyche, wo sie
unbemerkt unsere Angelegenheiten, Handlungen und Untätig-
keit nährt. Weil wir uns weitgehend unserer unterschwelligen
Ängste nicht bewusst sind, können wir kaum akzeptieren, dass
diese uns zurückhalten oder unsere Fähigkeit zu handeln, zu lieben, anzunehmen oder zu verstehen beeinflussen. Wollen wir
bewusster werden, müssen wir stehen bleiben und uns fragen,
ob Angst unsere Reaktionen dominiert. Was zeigt Angst? Was
zeigt Furchtlosigkeit? Welche praktischen Schritte können wir
unternehmen, um Angst in Furchtlosigkeit zu verwandeln?

Angst taucht bei einem plötzlichen Verlust oder einer Bedrohung schnell auf, durchdringt unser Bewusstsein und erzeugt emotionales Unbehagen. Wir hassen dieses Eindringen der Angst und wollen sie loswerden. Unfähig mit Veränderung in der Gegenwart umzugehen, projizieren wir die Kraft dieser Ängste in die Zukunft, was unser Bewusstsein wie ein aufziehender Sturm verdunkelt. Wir vergrößern unbewusst unsere Ängste, bis sie zu Verzweiflung oder Hysterie werden, oder wir wiederholen sie in unserem Geist als katastrophales, endloses Szenario. Wir brauchen von innen starke Motivation und von außen Unterstützung, um aus einem solchen Geisteszustand herauszukommen.

Wir sollten mit Entschlossenheit und Mut mit den Dingen, wie sie wirklich sind, leben, selbst wenn es bedeutet, von einem Tag zum nächsten nicht zu wissen, ob unsere Befürchtungen Realität werden. Wir sollten – persönlich, sozial und politisch – ständig die Fähigkeit entwickeln, Angst zu transformieren, ob wir sie im Augenblick intensiv fühlen oder sie unterschwellig unsere Entscheidungen beeinflusst, wie die folgende Geschichte veranschaulicht.

Eine Sekretärin wurde gerade 40 Jahre alt, als sie begann, auf ihre innere Stimme zu hören. Diese sagte ihr, dass sie ihr Leben vergeude, wenn sie fünf Tage in der Woche in der Stadt arbeite, während ihr Reisepass unbenutzt in der untersten Schublade ihrer Kommode im Schlafzimmer liegt. Sie hat sich nie besonders selbstsicher gefühlt, aber sie entschied, dass sie eine mutige Sache in ihrem Leben tun solle, nämlich ihren Job aufzugeben und ein Jahr lang um die Welt zu reisen. Die Stelle zu verlassen, erwies sich als relativ einfach, ebenso das Kaufen der Tickets für ihre Reise. Danach jedoch steigerten sich ihre Ängste. Sie sagte: »Jeden Tag der Woche scheine ich eine andere Angst im Hinblick auf diese Reise zu haben.« Sie wusste, dass sie ihrer

Stimme des Mutes zuhören sollte, anstatt der Stimme der Angst nachzugeben. Drei Monate später begab sie sich auf den ersten Teil ihrer Reise. Nachdem sie ihre Ängste bezwungen hatte, war sie in der Lage, sich dem Genuss ihrer neuen Freiheit zu öffnen.

Es wäre dumm sich vorzustellen, dass es eine Beschreibung dafür gäbe, wie man Angst überwindet, in welcher Form auch immer sie erscheinen mag. Die buddhistische Tradition ermutigt zu der Anwendung dessen, was als »gegensätzliche Kraft« beschrieben wird, nämlich Mut. Überlegungen zu Veränderung und Tod, das Gefühl, dass es nichts zu verlieren gibt, innere Ermächtigung, Inspiration und die Unterstützung von anderen dienen als wichtige Ressourcen, wenn du dich einmal dazu entschlossen hast, die Angst zu überwinden. Du musst dir über die Arbeit zum Auflösen der Angst klar sein und darauf achten, dass du dich täglich bewusst dazu entschließt. Dann wird der Rest folgen.

## Die Natur der Wut

Wenn nach einem traumatischen Ereignis das Weinen, das Schluchzen und die Trauer nachgelassen haben, dann verspüren wir vielleicht ein deutliches Bedürfnis nach Vergeltung und möchten denjenigen, die uns so viel Kummer bereitet haben, Leid zufügen. Mit dem allmählichen Abklingen des anfänglichen Schocks bekommt der emotionale, mentale und physische Körper langsam wieder neue Energie. Aus spiritueller Sicht ist das eine kritische Zeit. Was geschieht mit dieser Energie? Wie wird sie eingesetzt? Das Risiko besteht darin, dass die neue Energie die noch vorhandenen, negativen Gedanken festigt und dem Geist den Schwung gibt, die Verletzung zu betrachten, die man denjenigen zufügen möchte, die einem selbst geschadet haben. Das ist der Ursprung von Wut.

Manche Menschen zeigen ihre Wut, indem sie ihre vermeintlichen Feinde mit Schuld, Fluch, persönlichen Beschimpfungen und Drohungen überschütten, und es ist schwierig für sie – wenn nicht gar unmöglich – eine distanzierte Sicht einzunehmen. Andere reagieren ruhiger. Weder schreien sie, noch werden sie unkontrollierbar wütend, aber dennoch zielen sie mit ihren rachsüchtigen Gefühlen auf jemanden und glauben, dass der Fehler vollständig beim anderen liege.

Es ist ungeheuer einfach, Wut zu rechtfertigen und zu rationalisieren, wenn wir sie ausdrücken, als ob es keinen anderen Weg gäbe, mit etwas umzugehen, das uns aus der Fassung gebracht hat. Bei manchen bedeutenden Angelegenheiten sprechen wir sogar von »rechtschaffener« Wut und behaupten, dass uns eine solche Wut dazu antreibt, soziale Veränderungen herbeizuführen. Doch die Entschlossenheit, etwas zu verändern, dauert genauso lange an, wie die Wut anhält. Ob aber die Wut eine nachhaltige Kraft ist, ohne destruktiv zu werden, muss untersucht werden. Wut ist nicht unter unserer Kontrolle. Sie kann jeden treffen, einschließlich denjenigen, die für Frieden, Gerechtigkeit und Versöhnung arbeiten.

Selbstgerechte Wut, ob sie von einem politischen Führer vor einer Menschenmenge oder einem wütenden Elternteil zu Hause ausgedrückt wird, sagt wenig über eine Situation aus, sondern viel mehr über den Geisteszustand der wütenden Person. Für Weisheit und Mitgefühl gibt es keinen Ersatz.

Einer der Hauptgründe für Wut besteht darin, ein Gefühl von Macht zu zeigen oder zurückzugewinnen. »Sie haben mir das angetan. Sie müssen lernen, dass sie mich so nicht behandeln können.« Es scheint so klar zu sein. Wir glauben, dass richtig und falsch, gut und böse in fest abgegrenzten Schubladen existieren. Wir betrachten diejenigen, die unsere rechtschaffene Wut hervorgerufen haben, als falsch und vielleicht sogar als schlecht. Deshalb haben wir das Recht, sie leiden zu lassen. Andere, die mit dem Haupttäter für den Schmerz verbunden sind, leiden zu lassen, gibt uns ein Gefühl der Befriedigung, weil wir wieder Macht erlangt haben. Die Entschlossenheit zu bestrafen dient sogar der zeitweiligen Erleichterung, aber der Beschimpfte wird zum Beschimpfer. Wir müssen uns bewusst machen, dass diese Projektion der Schuld als Abwehr gegen die Innenschau dient. In manchen Fällen kann die verletzte Seite es zulassen, dass die Verantwortung geteilt wird.

Oft betrachten wir Ereignisse im Sinne von Ursache und Wirkung, um sie unwiderlegbar interpretieren zu können. So können wir nicht die Vielfalt der Bedingungen, die hinter einer vereinfachten Usache-Wirkung-Analyse steht, erforschen. Der Geist ist in einem gewissen Standpunkt gefangen, und wir verwerfen arrogant jede andere Untersuchung dessen, was warum geschehen ist. Wir sollen entweder auf der einen Seite eines Konfliktes stehen oder auf der anderen. Die Dualität des Geistes wird auf die Art immer weiter aufrechterhalten.

In diesem Stadium geraten der Täter und das Opfer in einen Konflikt, bei dem sie mehr gemeinsam haben, als sie trennt. Beide sind davon überzeugt, dass die erste Ursache für das Problem vom anderen stammt und nicht von sich selbst. Niemand kann sie davon überzeugen, ihre Position infrage zu stellen. Schuldzuweisung dient als Rechtfertigung für Vergeltung. Beide Seiten benutzen die Vergangenheit, um ihren Hass auf den anderen zu rationalisieren. Beide wollen, dass der andere leidet.

Manche Menschen bleiben anderen gegenüber feindselig, nicht weil dies die Wahrheit reflektiert, sondern weil sie befürchten, naiv zu erscheinen. Naivität ist wahrscheinlich der am meisten verbreitete Vorwurf gegenüber denjenigen, die verschiedene Reaktionen der Vergeltung – auf welcher Stufe auch immer – befürworten. Offenheit gegenüber allen Standpunkten muss nicht blinde Unschuld sein, sondern ein weises und ernsthaftes Mittel, um sich aus der Sackgasse der Konfrontation zu begeben.

Wer Vergeltung sucht, kann vielleicht nicht selbst den ursprünglichen Täter erreichen. Stattdessen muss diese negative Kraft, die in unserem Bewusstsein mobilisiert wurde, einen anderen Fokus finden. Sie richtet sich gegen sich selbst, gegen geliebte Menschen oder gegen diejenigen, die – wenn auch entfernt – mit denen verbunden sind, die uns Schaden zugefügt haben. Dieser Prozess wird in der folgenden Geschichte veranschaulicht.

Drei junge Frauen fuhren zum ersten Mal zusammen in Urlaub in ein Touristenzentrum im Süden der Türkei, wo sie im Erdgeschoss eines Ferienkomplexes eine Wohnung gemietet hatten. Vom ersten Tag an lief nichts richtig. Eine Bande von einheimischen Jugendlichen hing jeden Tag viele Stunden lang vor ihrer Wohnung herum und schrie und brüllte nach ihnen, damit sie rauskommen sollten. Sie warfen Steine an ihre Tür. Die Kleider der Frauen wurden von der Wäscheleine gestohlen. Die Frauen fürchteten sich davor, hinauszugehen. Die Verwaltung des Ferienkomplexes zeigte Verständnis, meinte aber, sie könne nichts tun.

Nachdem sie Monate lang für die Reise gespart und diese geplant hatten, verbrachten die drei Touristinnen die Tage damit, über ihr Elend und ihre täglichen Belästigungen zu sprechen. Manchmal brachen sie in Tränen aus. Sie konnten es kaum abwarten, dass die Ferien endeten und sie nach Hause zurückkehren konnten.

Zwei der Frauen verließen das Land wegen ihrer Erlebnisse mit einem schmerzhaften Gefühl. Von da an sprachen sie nur noch über ihre Verachtung für das Land und seine Menschen. Aus ihrer Erfahrung einer besonderen Situation heraus verallgemeinerten sie unbeholfen. Die dritte Frau legte jedoch ihre

Wut und Angst ab und fuhr im darauf folgenden Jahr in die Türkei zurück und verbrachte dort einen schönen Urlaub.

Oft wundern wir uns, wie manche Menschen von den Schatten der Vergangenheit frei bleiben können. Im Gegensatz zu ihren beiden Freundinnen erkannte die Frau, die in die Türkei zurückkehrte, mit ausreichend Bewusstheit und Klarheit, dass ein einziger schmerzhafter Vorfall nicht ein ganzes Land definieren kann. Diese Bewusstheit unterscheidet diejenigen, die weitergehen können, von jenen, die in der Vergangenheit feststecken. Bewusstheit ist bei der spirituellen Praxis der Schlüssel für Veränderung. Wir müssen nicht immer nach dem Wie fragen, wenn wir uns innerlich verändern wollen. Stattdessen sind wir uns einer Situation voll bewusst und reagieren uneingeschränkt darauf, sodass die gegenwärtige Wahrnehmung mehr bewirkt als die Vergangenheit.

Der Prozess, der zu Wut führt, kann auf allen Ebenen der menschlichen Interaktion auftreten: zwischen Nationen, zwischen Gemeinschaften und zwischen Einzelnen. Viele Konflikte beginnen zu Hause, wie es das folgende Paar erfahren hat, das seit mehreren Jahren verheiratet ist. Die Ehefrau begann sich zu fragen, wie lange sie noch die Wut ihres Mannes ihr gegenüber tolerieren könne. Er beschimpfte sie unaufhörlich beim geringsten Anlass, was wie eine dunkle Wolke über ihrer Beziehung hing. Er machte ihr das Leben unerträglich. Sie verbrachte viel Zeit damit, fernzusehen, mit ihren Freundinnen zu telefonieren, Geld für Kleider auszugeben, und nahm nur selten eine Unterhaltung mit ihrem Mann auf. Er fühlte, dass er wirklich wütend werden musste, um ihre Aufmerksamkeit zu erlangen. Er schien davon überzeugt zu sein, dass er keinen Grund dazu hätte, sich in eine Wut hinein zu steigern, wenn sie schneller auf seine Bedürfnisse reagieren würde. Erst als er sie anzuschreien begann, erkannte er, wie sehr seine Intoleranz und ihre Gleichgültigkeit ihre Ehe negativ beeinflussten. Damit sich etwas verändern konnte, musste er Achtsamkeit für seine Intoleranz und die Bereitschaft für Veränderung entwickeln. Sie musste lernen, ihm die Aufmerksamkeit zu geben, die er brauchte. Durch echte Zusammenarbeit konnten sich beide Partner aus diesem Kreislauf befreien. Jeder musste seine eigene Rolle bei dem Eheproblem zugeben.

Obwohl es ein Beispiel aus dem häuslichen Bereich ist, kann man leicht Parallelen zwischen solchen Situationen und internationalen Konflikten sehen. Regierungen müssen lernen zuzuhören, anstatt sich gegenseitig anzugreifen. Gleichgültigkeit und Ärger werden oft von einer Generation an die nächste weitergegeben, wobei die Unterschiede manchmal sehr betont werden. In Zeiten einer nationalen Krise ist es leicht zu vergessen, dass sich unsere Führer oft wie ein verdrießliches Ehepaar verhalten, wobei beide versuchen, das Leben des anderen so unglücklich wie möglich zu machen. Unsere Haltung sagt mehr über uns selbst, als wir wahrnehmen. Schuld und Vergeltung oder geladene Worte zu benutzen wie »abscheulich« oder »böse« blockieren unsere Fähigkeit sowie unsere Freiheit des Geistes, um mit Einsicht unsere Beziehung zu anderen zu untersuchen. Absolute Positionen von richtig und falsch sagen uns selten etwas über die Gesamtheit der Situation aus.

### Unsere Wut umwandeln

Der Buddha sagte: »Wut kann nicht mit Wut beendet werden. Wut kann nur mit Nichtwut beendet werden.« Wir müssen diejenigen, die wir als richtig oder falsch oder als Bedrohung wahrnehmen, nicht lieben, aber wir können uns als Teil des Heilungsprozesses um Verständnis von ihnen bemühen. Wenn wir es zulassen, in einer negativen und zynischen Haltung gefangen zu bleiben, gehen wir vielleicht blind davon aus, dass unsere verzerrte Sicht die Wirklichkeit spiegelt. Wir müssen uns daran erinnern, dass Beziehungen sich nur dann verändern können, wenn wir authentisch zuhören und mitfühlend handeln.

Uns unserer negativen Haltung bewusst zu werden, beschützt uns davor, in die Falle von Wut und Vergeltung zu geraten. Anspruchsvolle Reflexion und Gewissensprüfung drücken die Fähigkeit aus, eine Situation als Ganzes zu betrachten statt nur vom Standpunkt der einen Seite. Eine naive Wahrnehmung der Unterschiede gibt uns die Genehmigung für Rache. Dann wenden wir rohe Gewalt an, um die Oberhand zu gewinnen, die andere verteufelt, bis sie vollkommen mit einer negativen Wahrnehmung assoziiert werden, als sei dies die endgültige Wahrheit der Angelegenheit. Tiefes Nachdenken und weise Reaktionen auf Ereignisse zeigen einen reifen und zivilisierten Ansatz.

Wir sollten an die tiefen Qualitäten der menschlichen Existenz glauben, ihnen durch dick und dünn treu bleiben, anstatt sie zu ignorieren. Sonst fallen wir in entgegenwirkende Tendenzen und arrogante Haltungen, wie wir mit denjenigen umgehen, die nicht mit uns übereinstimmen oder uns vielleicht sogar nicht mögen, zurück. Das Leben der Menschen wird durch das Ausleben von Ärger ruiniert, sei es zwischen einem Kind und seinen Eltern, bei einem Kollegen bei der Arbeit, einem Arbeitgeber oder bei einem internationalen Konflikt. Wir sind mit unserer Haltung nicht nur ein Problem für die anderen, sondern auch ein Feind für uns selbst, denn sie schwächt den Frieden und die Zufriedenheit in uns. Anstatt uns Menschen gegenüber, die feindselig und zynisch sind, wütend zu fühlen, sollten wir Mitgefühl empfinden, denn ihr Geisteszustand verhindert natürliches Glück. Tief spirituelle Menschen sollten eine Lösung finden, damit sich die treibenden Kräfte von Angst und Wut im täglichen Leben – bewusst oder unbewusst – auflösen, sodass sich zwei neue »Waffen« auf Veränderung auswirken können, nämlich Einsicht und Mitgefühl.

Im August 1941 wartete Etty Hillesum, eine 27-jährige Jüdin, in ihrer Wohnung in Amsterdam in Holland, ohne von einem Tag zum nächsten zu wissen, wann sie in ein Konzentrationslager deportiert würde. Sie schrieb in ihr Tagebuch: »Ich kann nicht wirklich ausdrücken, was tatsächlich in meinem Inneren vorgeht. Es gibt sonst nichts mehr. Ich sollte meine eigenen Probleme lösen. Immer habe ich das Gefühl, dass, wenn ich sie für mich löse, ich sie für Tausende anderer Frauen lösen sollte. Genau aus diesem Grund muss ich mich selbst in den Griff bekommen. Manchmal sehne ich mich nach einer Klosterzelle mit der erhabenen Weisheit der Jahrhunderte. Dort müssen Getreidefelder sein, die sich in einer Brise wiegen. Dann kann ich vielleicht Frieden und Klarheit finden. Das wäre jedoch keine große Leistung. Genau hier, an dieser Stelle, im Hier und Jetzt muss ich sie finden.«

## Meditation über das Benennen des Leidens

Kläre mit dieser Meditation deine Gedanken, besonders in Zeiten von emotionaler Belastung, wenn Angst und Wut schnell aufkommen.

- Hier und jetzt erkenne ich, dass dieses Problem entstanden ist.
- Ich bin mir der Auswirkung des Problems bewusst, weil es entstanden ist.
- Ich bin mir der Gefühle, Gedanken und Absichten bewusst, die diesem Geisteszustand entspringen.
- Ich bin mir bewusst, wie sehr das, was ich sage, meinen Geisteszustand beeinflusst.
- Ich bin mir bewusst, bis zu welchem Grad ich mich mit diesem Geisteszustand identifiziere und ihn rechtfertige.
- Ich mache nicht nur mir selbst das Leben schwer, sondern auch anderen.

- Hier und jetzt habe ich die Gelegenheit, mit diesem Geisteszu-stand zu arbeiten.
- Hier und jetzt praktiziere ich, um diesen Geisteszustand loszu-lassen.
- Hier und jetzt praktiziere ich, um das Klammern an diese Situa-tion zu beenden.
- Ich bin mir bewusst, dass dieser Geisteszustand nur von einem ähnlichen Geisteszustand in der Vergangenheit herrührt.
- Genau jetzt habe ich die Gelegenheit, mich von diesem Geistes-zustand zu befreien.
- Genau jetzt habe ich die Gelegenheit, die Leerheit dieses Geis-teszustandes zu sehen.
- Das ist für mich hier und jetzt möglich.

## Sich um Angst und Wut kümmern

Hier folgen sechs Fragen, die es wert sind, dass wir sie uns stellen, sobald wir Angst und Wut erleben. Wir könnten zuerst jede der Fragen und dann ehrlich unsere Antworten darauf aufschreiben. Daraufhin handeln wir so, dass Weisheit und Verständnis zum Aus-druck gebracht werden. Die ersten beiden Fragen beziehen sich auf die Vergangenheit, die nächsten beiden auf die Gegenwart und die letzten beiden auf die Zukunft.

1. Was habe ich getan?
2. Was habe ich nicht getan?
3. Was tue ich?
4. Was tue ich nicht?
5. Was werde ich tun?
6. Was werde ich nicht tun?

# IV  Den Tod als Teil der Existenz akzeptieren

*Für den, der geboren wurde, ist der Tod sicher,*
*deshalb solltest du nicht trauern um das,*
*was unvermeidlich ist.*
*Du hast ein Recht, nur zu handeln,*
*lass die Früchte deines Handelns*
*nicht dein Motiv sein,*
*noch hafte irgendwie am Nichthandeln an.*
KRISHNA, BHAGAVAD GITA 2:27, 47

Wie das Zitat zu Beginn dieses Kapitels aussagt, ist der Tod eine Gewissheit im Leben. Trotz dieses Wissens ist es für die meisten von uns sehr hart, damit zurechtzukommen. Die Angst vor unserem eigenen Tod und vor dem Verlust unserer geliebten Menschen kann überwältigend werden. Wenn der Tod sich nähert und eindeutig unvermeidlich ist, ist es doch manchen Menschen möglich, eine unerwartete Ruhe und Klarheit zu entwickeln.

Das wurde von einigen der erschütternden Anrufe über Handys aus den entführten Flugzeugen oder aus dem zerstörten World Trade Center am 11. September 2001 ergreifend illustriert. In dem Wissen um ihren nahen Tod haben mehrere Passagiere und Angestellte Botschaften der Liebe an ihre Verwandten gesendet, ohne sich mit ihrer eigenen Angst abzugeben. Ein Anrufer konzentrierte sich auf seinen Glauben und betete mit einem Telefonvermittler das Vaterunser.

Viele von uns haben Menschen gekannt oder von ihnen gehört, die dem Tod unter weniger dramatischen Umständen mit Gleichmut und Gelassenheit gegenüberstanden und die Sorge, die andere für sie hatten, ausgedrückt haben. Um eine solche Haltung zu erlangen, ist es wichtig, darüber nachzudenken, wie wir uns bei der Aussicht unserer eigenen Sterblichkeit, bei dem Verlust von geliebten Menschen und bei Selbstmord fühlen.

## Den Tod verleugnen

Insgesamt behandelt die westliche Gesellschaft das Alter und das unaufhörliche Vergehen des Körpers und seiner Funktionen mit einem gewissen Widerwillen. Wir akzeptieren nicht einfach die Tatsache, dass wir alt und gebrechlich werden. Die Anforderungen unserer konsumorientierten Kultur bedeuten, dass die meisten von uns die Arbeit und die eigenen Interessen zu den Hauptprioritäten gemacht haben. So ist für uns die Altersgebrechlichkeit eine zeitraubende Belastung, und sich um Kranke und alte Menschen zu kümmern, scheint oft unseren Lebensstil, der auf Vergnügen und Befriedigung beruht, zu stören.

Mit dem Streben nach Vergnügen, das von unserer Gesellschaft als höchster Zweck der Existenz angesehen wird, überrascht es kaum, dass Alter, Sterben und Tod vor der Öffentlichkeit versteckt werden und wir alles zu vermeiden versuchen, was uns auf irgendeine Weise aus der Fassung bringen könnte. Die Anstrengung, Vergnügen immer mehr zu steigern, kann vielleicht als Flucht vor der Notwendigkeit, das endgültige Ende davon – das Schwinden der Sinne und der Verlust des Sinnesbewusstseins – zu reflektieren, gesehen werden.

## Meditation über den Körper

In einer Kultur, die von schönen Körpern, Sex, Kleidung, Kosmetik und Erscheinung besessen ist, meditieren wir nur selten – wenn überhaupt – über den Körper, wie er aus der Natur entsteht, zu ihr gehört und zu ihr zurückkehrt. Wir haben die Forderungen des Selbst über die des Körpers gestellt, anstatt ihn zu respektieren und zu unterstützen. Über den Körper zu meditieren, ist immer hilfreich. Wenn wir das tun, können wir den Körper als Instrument betrachten, durch das wir eine ausgeglichene Beziehung zu unserer physischen Anwesenheit und ein tiefes Akzeptieren der Vergänglichkeit und des Todes finden können. Folge diesen Schritten:

1. Sitze auf einem Stuhl mit gerade aufgerichtetem Rücken, das Kinn etwas zurück genommen. Stelle deine Füße fest auf den Boden, einige Zentimeter auseinander. Deine Augen sind geschlossen, und beide Hände ruhen in deinem Schoß, eine Hand in der Handfläche der anderen, und die beiden Daumenspitzen berühren sich.

2. Richte deine Aufmerksamkeit auf den Körper. Bewege sie von der Kopfspitze durch den Körper hindurch bis zu den Zehenspitzen. Erfahre so viel wie möglich von innen. Spüre die Schwingungen, das Pochen und das Prickeln im Körper, sobald die Kraft der Aufmerksamkeit ihn von Moment zu Moment durchströmt.

3. Dann beginne die Meditationsübung mit den Zehen und gehe durch den Körper bis zur Kopfspitze hinauf. Nimm dir für jede Richtung einige Minuten Zeit. Bleibe aufrecht sitzen, lass die Schultern nach hinten unten sinken und öffne die Brust und das Zwerchfell.

4. Wenn dein Geist abschweift, kehre zu der Stelle im Körper zurück, an der er umherzuwandern begann.

5. Erlebe den Körper als individuelle Elemente, als organisches Leben, als Ausdruck der Natur.
6. Empfange einfach die Erfahrungen des Körpers, so wie sie sich ergeben. Behandele alle Erfahrungen als Erscheinung der und Zugehörigkeit zur Natur, anstatt sie als selbst gemacht oder selbst erschaffen zu betrachten.
7. Lass das Klammern am Körper, das Besitzergreifen des Körpers und das Selbstbild um den Körper los.
8. Nimm ohne Angst und ohne Anhaften die Anwesenheit und die Abwesenheit des physischen Lebens an.

Wir halten uns lieber beschäftigt, anstatt uns wirklich die Zeit dafür zu nehmen, über das Leben und den Tod nachzudenken. Kaum wagen wir es zuzugeben, dass ein menschliches Leben in der universellen Existenz aus einem bestimmten Blickwinkel betrachtet nicht mehr als ein kurzzeitiges Leuchten darstellt. Würden wir das tun, dann würden all unsere Sorgen über kleinliche und triviale Dinge, die unsere tägliche Existenz belasten, aufhören.

Nirgends können wir uns vor dem bevorstehenden Tod verstecken. Seine Aussicht kann in uns wie nichts anderes eine panische Angst auslösen, weil wir uns damit schließlich von allem Bekannten, Gewohnten sowie von dem, was wir lieben oder hassen, getrennt fühlen. Wir verleihen Dingen die Bedeutung eines Fetischs. Auch wenn es schwer zu akzeptieren ist, so ist doch viel von dem, was wir tun, sinnlos. Weil es uns an den inneren Ressourcen mangelt, um über den Tod nachzudenken, klammern wir uns ans Leben, an das Gefühl eines Selbst und daran, was wir im Laufe der Zeit angesammelt haben.

Manche bekunden mit einem gewissen Vertrauen, dass sie keine Angst vor dem Tod und davor, diese Welt zu verlassen, hätten. Solche Worte bedeuten wenig, wenn sie von denjenigen geäußert werden, die gesund sind oder inmitten von relativem Komfort und Sicherheit leben, weil sie glauben, dass der Tod entfernt und unwirklich sei. Auch gibt es solche, die wirklich furchtlos sind, was ganz natürlich oder durch Training entstanden ist. Zum Beispiel sind Soldaten bereit zu sterben, um den Befehl ihrer Vorgesetzten zu erfüllen. Jedoch platzen bei diesen Soldaten oft ihre unerforschten Ängste auf andere Weise in ihr Bewusstsein herein, vielleicht mit ihrer Angst vor Ablehnung, vor Trennung, vor Unfähigkeit, vor Demütigung oder vor Feigheit. Angst ist nur ein einziges Gefühl, aber sie findet viele Ventile, um sich auszudrücken. Die Untersuchung der Angst befähigt uns dazu, zu den Wurzeln der Unsicherheit zu gelangen, seien sie persönlich, sozial oder international.

Wenn wir diese Gefühle in Bezug auf den Tod und das Sterben tief erkunden, können wir zu einer anderen Dimension erwachen, die frei ist von Sorge und Veränderung und aus der die Welt mit Geburt, Leben und Tod wie eine Scheinwirklichkeit erscheint. Diese Erforschung der höchsten Sicherheit ist die größte Herausforderung für die Menschen.

## Über den Tod nachdenken

Von den vielen religiösen Traditionen hat vielleicht der Buddhismus unsere Beziehung zum Tod am besten untersucht. Buddhisten werden nachdrücklich dazu ermutigt, über den Tod nachzudenken, auch wenn dies eine morbide Reaktion bei denjenigen hervorruft, die zu Sorgen neigen. Reflexion über den Tod hat auch die Kraft, das Leben scharf zu fokussieren: Eine klare Bewusstheit für die Kraft des Hier und Jetzt kann als offener Zugang für die Verwirklichung des Transzendenten dienen.

In buddhistischen Klöstern der Einsichtsmeditation oder der Vipassana-Praxis ist es üblich, dass sich Leichen von Mönchen hinter Glas befinden, mit Totenschädeln und Fotografien daneben, die zeigen, wie ihre Eigentümer aussahen, als sie noch lebten, und Grafiken vom Altersprozess von der Geburt bis zum Alter von 100 Jahren, die das Wachstum und den Verfall des Körpers darstellen. Ins Kloster werden Leichen, bei denen die Gesichter deutlich erkennbar sind, zur Verbrennung gebracht. Diese Erinnerungshilfen werden – zusammen mit Meditation und Reflexion – benutzt, um den Widerstand gegen den Tod und die Angst, die damit einhergeht, zu beseitigen.

Mönche und Nonnen gehen ins Leichenhaus, um kürzlich Verstorbene zu betrachten. Es gibt Meditationen und Praktiken über den Tod, über die Vergänglichkeit und über das Loslassen, die auf die wahre, stabile Realität im Hier und Jetzt hinweisen. Weder kommt noch geht diese Wirklichkeit, noch unterliegt sie der Veränderung. Wir selbst sind jedoch gefangen in der Welt der sich verändernden Erscheinungen von Geburt, Leben, Sterben und Tod.

Manche Menschen denken, dass die Praxis der Reflexion über den Tod makaber sei. Diejenigen, die zum ersten Mal ein Vipassana-Kloster betreten, verziehen oft beim Anblick einer Leiche ihr Gesicht. Besucher von manchen christlichen Klöstern können Tausende Schädel von toten Mönchen sehen, die in den Katakomben der Gebäude aufbewahrt werden, um diejenigen, die in den Räumen darüber leben, daran zu erinnern, dass der Tod niemals weit entfernt ist. Diese Reliquien sollen uns jedoch sichtbar an unsere eigene Vergänglichkeit ermahnen. Sie können uns dabei helfen, uns tief mit der Existenz und der Nichtexistenz wohlzufühlen und zu erkennen, dass schließlich die Dinge dieser Welt in keine dieser Kategorien fallen.

Im spirituellen Leben ist die Nichtdualität am schwierigsten zu verstehen. Sie umfasst solche Kategorien wie Existenz und Nichtexistenz. Im täglichen Leben scheinen wir eine ganze Reihe an Dualitäten zu erfahren:

- Geburt und Tod
- Gesundheit und Krankheit
- kommen und gehen
- Anwesenheit und Abwesenheit
- gut und schlecht
- Gewinn und Verlust
- Erfolg und Versagen
- Lob und Tadel
- hier und dort
- wir und sie
- du und ich

Wir sind so in die Dualität verwickelt, dass wir wirklich glauben, das Leben bestehe darin, an der einen Seite der Dualität anzuhaften und sich der anderen zu widersetzen. Durch spirituelle Praxis können wir jedoch dahin kommen, die Leerheit der Dualität zu erkennen und durch das Miteinanderverbundensein, durch Verständnis und durch umfassende Freiheit die Nichtdualität entdecken.

## Dem Tod ins Auge sehen

Wenn wir älter werden, scheint es so, als ob jedes Jahr schneller verginge als das vorhergehende. Mehr und mehr sprechen wir über gesundheitliche Probleme und über Menschen, die wir kennen und die krank sind, im Sterben liegen oder gestorben sind. Das sind die zentralen Themen des Lebens, vor denen wir uns nicht durch Wohlstand, Besitztümer oder Rang beschützen können. Im Angesicht der Realität, dass wir alle sterben müssen und wir nicht vorhersagen können, wann und wie unser Leben enden wird, stellen wir die Werte der weltlichen Kultur infrage und wollen eine andere Perspektive für unsere Zeit auf der Erde erforschen. Wahre Religion kann uns die richtige Richtung zeigen, obwohl wir darauf achten müssen, dass wir uns nicht im dogmatischen, religiösen Glauben verfangen.

Am wichtigsten ist es, ein tiefes und nachhaltiges Gefühl von Spiritualität im täglichen Leben zu erlangen, die die Forderungen und Erwartungen unseres Egos transzendiert. Wenn wir regelmäßig ehrlich und verständnisvoll über den Tod meditieren, dann wird uns die Kraft der Meditation das spirituelle Mysterium des Lebens und das große Netz der Existenz berühren lassen.

Vielleicht reagieren wir zunächst negativ auf die Meditation über den Tod. Wenn die Meditation unser Gefühl für den Zweck schwächt und uns fragen lässt: »Warum tun wir überhaupt etwas? Wir alle werden irgendwie sterben«, dann sollten wir dies als erste Reaktion betrachten. Mit der Zeit öffnet die Meditation über den Tod das Herz zur Weite des Lebens und kann enthüllen, dass

- das Leben wertvoll und verletzlich ist;
- das Gemeinsame der Menschen das Trennende übersteigt;
- unsere Bewusstheit für den Tod Demut in uns aufkommen lässt;
- wir das Leben zu einem Abenteuer machen können.

Wenn der Tod durch Meditation und durch das Aufgeben des Wunsches nach den Dingen im Leben, mit denen wir uns dem Tod widersetzen, bedeutungslos wird, dann muss auch die illusionäre Wirklichkeit der Zeit verblassen, sodass wir die Anwesenheit dessen, was jenseits existiert, erfassen können. Unser Bewusstsein kann unkonventionelle Erfahrungen, Einsichten und Verständnis durch Beobachtung und durch Meditation erfahren. Es gibt einen einfachen Schlüssel, mit dem wir diese Transformation der Wahrnehmung vollziehen können. Der

Schlüssel ist die vollkommene Aufmerksamkeit im Hier und Jetzt, was auch immer geschieht. Der Tod ist kein Stachel mehr für diejenigen, deren Bewusstsein die Blase der konventionellen Existenz mit all ihren Ängsten und Fehlern, die wie ein Tyrann auf eine freie und unermessliche Lebensart wirken, hat platzen lassen.

## Mit dem Tod zurechtkommen

Für die meisten Menschen ist es außergewöhnlich schwierig, mit dem Tod eines geliebten Menschen zurechtzukommen. Der Unterschied zwischen Leben und Tod scheint absolut. Die Psychologen haben in einem Trauerfall etwas erkannt, das sie als »Trauerprozess« bezeichnen. Viele durchlaufen die folgenden emotionalen Zustände, während sie sich an den Verlust einer wichtigen Person in ihrem Leben anpassen. Die Stadien werden jedoch nicht notwendigerweise in einer bestimmten Reihenfolge erfahren. Manche Menschen gehen rückwärts und vorwärts und variieren dabei das Ausmaß. Andere erleben eine deutliche Bewegung von einem Stadium zu einem anderen, ein Übergang, der Tage, Wochen oder auch viel länger dauern kann.

Bei diesem Trauerprozess gibt es im Allgemeinen vier Phasen:

## 1. Ein Gefühl von Taubheit

Dieses Gefühl wird oft mit Unglauben assoziiert. Die Hinterbliebenen weigern sich, die Realität des Todes anzunehmen, und es fehlt ihnen vielleicht die Fähigkeit, Gefühlswellen im Bewusstsein freizulassen. Ihr Innenleben fühlt sich leer an, und sie scheinen ihr Gefühl für die Verbindung mit der Welt zu verlieren. Sie sind gewöhnlich sehr still und wiederholen oft nur Worte wie: »Das kann nicht wahr sein. Das kann nicht wahr sein. Bitte sage, dass es nicht stimmt.«

## Meditation über den Tod

Vielleicht hast du einen geliebten Menschen verloren, oder du kennst jemanden, der dir nahe steht und trauert und diese Meditation vielleicht hilfreich findet. Lies einfach nur die Worte leise oder nimm zusätzlich deine gewohnte Meditationshaltung ein. Versuche, dich in die Gefühle zu vertiefen, die diese Worte hervorrufen. Zu Beginn mag das schwierig sein, denn der Tod ist für die meisten von uns eine bedrohliche Aussicht. Die Praxis wird die anfänglichen Ängste auflösen und ein Gefühl der Ruhe hervorrufen.

* Eines Tages … werde ich am Morgen nicht mehr aufwachen. Ich werde zum Alltäglichen keinen Zugang mehr haben. Es wird zu denen, die ich liebe, keinen Kontakt mehr geben.
* Ich weiß nicht, ob ich langsam oder schnell sterben werde. Ich weiß nicht, wie viel von meinem Leben verstrichen ist. Ich könnte heute oder morgen oder erst in einigen Jahren sterben.
* Diese ganze Reise durch das Leben wird anhalten. Dann gibt es keine Eitelkeit mehr für meinen kurzen Besuch auf dieser Erde.
* Ich kann nicht zur Geburt zurückkehren und neu beginnen. Ich kann mein Leben nicht vorwärtstreiben und mich selbst später auf dem Weg sehen.
* Diese sich entfaltende Existenz trägt mich mit Gnade zu dem Unbekannten, wo eine globale Katastrophe 10.000 Jahre menschlicher Entwicklung zerstören kann.
* Kann ich die Schranken, die das Leben vom Tod trennt, beseitigen? Was werde ich weiterhin mit dem Rest meiner wilden, unsicheren und atemberaubenden Existenz tun?

Die Nachricht eines Verlustes kann eine Person in einen tiefen Schockzustand versetzen, wie es in der folgenden tragischen Geschichte der Fall war. Ein junger Mann begab sich auf eine Geschäftsreise und versprach seinen Eltern, dass er sie bei seiner Ankunft anrufen würde. Die Eltern warteten den ganzen Tag darauf, dass ihr Sohn anrufen würde. Schließlich klingelte sehr spät am Abend das Telefon. Die Eltern eilten zum Telefon, weil sie dachten, dass ihr Sohn anrief, um ihnen mitzuteilen, dass er sicher angekommen war. Es war ein Vertreter der Fluglinie, der sein Bedauern ausdrückte. Das Flugzeug war abgestürzt und ihr Sohn gestorben. Die Hinterbliebenen erleben oft ein Gefühl von Unwirklichkeit, weil die Gefühle in ihnen als eine Art Schutz vor der Erfahrung der vollen Wucht des Verlustes verschlossen sind. Tagelang warteten die Eltern darauf, dass ihr Sohn durch die Haustür eintreten würde und sie wie gewöhnlich mit: »Hi Mom, hi Dad« begrüßen würde.

Es ist schwer, mit Worten die Tiefe des Schocks und der Taubheit, die auf die Emotionen einwirken, auszudrücken. Physisch betrachtet ist es wie der Sturz von einem Baum, bei dem die ganze Luft aus dem Körper herausgepresst wird und man überall eine Taubheit fühlt. Das Herz ist tief erschüttert, der Geist kann nicht klar denken, und es gibt ein Gefühl von großem Schmerz. Für manche dringt der Schock so tief ein, dass sie noch nicht einmal mehr weinen können. Ein plötzlicher Trauerfall ist eine der härtesten Erfahrungen, die ein Mensch erleben kann. Die Leidenden müssen ruhig entschlossen durch diese schwierige Periode gehen.

## 2. Sich nach einem geliebten Menschen sehnen

Sobald der Verlust akzeptiert wurde, gibt es eine Sehnsucht nach dem Kontakt zu dem Verstorbenen. Das kann sich darin ausdrücken, dass man sich nahe bei dessen Besitztümern aufhält, seinen Namen nennt, zu ihm spricht oder ihn sich im Himmel vorstellt. Die Hinterbliebenen erinnern sich an glückliche Ereignisse in der Vergangenheit und suchen Beweise – Briefe, Fotografien und so weiter – dafür, dass die Verstorbenen in der Welt immer noch eine Bedeutung haben. Diese Zeitperiode kann Emotionen freisetzen, die von Sorge bis Wut reichen, ebenso wie ein überwältigendes Gefühl für den Verlust, während die Hinterbliebenen sich bemühen, sich an diese schwerwiegende Veränderung in ihrem Leben anzupassen.

Für manche löst der Tod eines tief geliebten Menschen nicht die Beziehung auf, sondern wertet sie stattdessen auf: Die lebende Person fühlt, dass der verstorbene Mensch eigentlich in der unmittelbaren Umgebung ist. Bei lang anhaltenden Ehen oder Beziehungen kommt es vor, dass die Lebenden den Toten konsultieren, bevor sie eine wichtige Entscheidung treffen. Die Antworten, die sie erhalten, sind vielleicht anders, als sie erwartet haben.

Solche Fälle zeigen, dass die große Trennung zwischen Leben und Tod weniger substanziell ist, als wir im Allgemeinen annehmen. Ein Ehepaar war länger als 50 Jahre verheiratet und verbrachte nur selten einen Tag getrennt. Dann verschlechterte sich der Gesundheitszustand des Ehemannes allmählich, und nach einigen Wochen verstarb er ruhig. Nach der Einäscherung und Beerdigung kehrte seine Witwe nach Hause zurück und versuchte, sich daran zu gewöhnen, alleine zu leben. Zu ihrer Überraschung empfand sie, dass sie nicht alleine war. Sie konnte auf unerklärliche Weise die ruhige Anwesenheit ihres Ehemannes fühlen. Sie spürte, dass die Erfahrung des Todes ihres Ehemannes nicht so schwarz oder weiß war, wie sie geglaubt hatte.

### 3. Ein Zeitraum der Ungewissheit

Während die Hinterbliebenen mit dem Verlust eines gelieb-
ten Menschen zurechtkommen, hat das Leben für sie oft keine
Richtung und Bedeutung mehr. Sie wissen nicht, wie sie ohne
die Anwesenheit des geliebten Menschen weiter leben können.
Sie haben wenig oder gar kein Verlangen, einen regelmäßigen
Rhythmus oder Ordnung in ihrem Leben wieder herzustellen.
In dieser Phase des Übergangs entsteht vielleicht Verzweiflung
aus mangelndem Interesse, irgendetwas zu tun. Die Ungewiss-
heit der Zukunft zeigt sich vielleicht durch Gedankenströme im
Geist oder durch deren Fehlen.

Unterhaltungen tendieren ins Negative, statt sinnvoll zu sein,
während die innere Stimme damit kämpft, einen neuen Weg zu
finden und trotzdem noch die Erinnerung an den Verstorbenen
respektvoll beizubehalten. Manche Hinterbliebenen können
sich nur schwer an die Tatsache gewöhnen, dass sie ihr Leben in
eine neue Richtung lenken müssen. Dann können Angst um die
Zukunft und Qualen aus vergangenen Ereignissen miteinander
verschmelzen.

In solchen Zeiten wird die Praxis, nur einen Tag nach dem
anderen zu leben, wirklich bedeutungsvoll. Das Innenleben, besonders die Gefühle, muss seine Vitalität und Energie zurück-
gewinnen. Weder ergibt es einen Sinn, in der Vergangenheit zu
leben, noch sich blind in etwas Neues zu stürzen, das wir später
vielleicht bereuen, wie die folgende Geschichte veranschaulicht.
Es war der zehnte Hochzeitstag eines Ehepaares. Sie organisierte
für ihn heimlich eine Party mit ihrer Familie und ihren Freunden, die zu Hause beginnen sollte, wenn ihr Mann von der Arbeit zurückkehren würde. Es war kurz vor Weihnachten. Auf
dem Weg nach Hause wurde er von einem betrunkenen Fahrer
überfahren. Anstatt ihres Ehemannes klopften zwei Polizisten
an die Haustür und überbrachten ihr die tragische Nachricht.

Sie erkannte, dass sie eine Zeit der Ruhe und Stabilität benötigt, obwohl sie anfänglich von ihrem Zuhause weggehen wollte. In den darauf folgenden Wochen zog sie aus ihrem Leben Bilanz und verbrachte mehr Zeit mit ihren Freunden und ihrer Familie, anstatt überstürzt aus Sorge und Panik Entscheidungen zu treffen.

## 4. Eine neue Lebensweise

Diese Phase zeigt, dass die Hinterbliebenen die Periode der Genesung betreten haben, obwohl schmerzhafte Erfahrungen, die mit der ersten, zweiten oder dritten Phase assoziiert werden, immer noch hochkommen können. Die Kraft des Innenlebens beginnt wieder, sich mit Nachdruck zu behaupten. Die Hinterbliebenen fühlen eine erneute Fähigkeit, ihr Leben wieder zu organisieren in dem Wissen, dass es weitergeht. Sie können sich an die Verstorbenen ohne Tränenausbrüche oder Verzweiflung erinnern, und sie entwickeln ein wachsendes Gefühl dafür, den Verlust zu akzeptieren. Trauer ist vorübergehend und löst sich auf. Sich an der Vergangenheit anzuklammern und sich zu weigern, mit der Veränderung zurechtzukommen, beeinträchtigt den Zugang zu dieser letzten Phase im Trauerprozess oder verlangsamt ihn zumindest.

Schließlich entsteht eine Bewusstheit dafür, dass das Verschließen einer Tür eine andere Tür für eine neue Gelegenheit oder immerhin für Verständnis öffnet. Ein Ehepaar, etwa Mitte 30, arbeitete zusammen in der höheren Bildung. Seit dem Alter von 20 waren sie Partner. Er klagte über Magenschmerzen, und innerhalb von sechs Wochen starb er an Magenkrebs. Sie erzählte mir: »Mein Leben veränderte sich in jeder Weise. Die Liebe meines Lebens starb. Das Einkommen wurde genau halbiert. Ich musste in eine günstigere Wohnung umziehen und mit sehr viel weniger Geld leben. Nachdem ich diesen äußerst schmerzhaften Verlust überwunden hatte, habe ich neue Gelegenheiten für mein Leben gesehen. Das Licht begann, diese dunkle Periode umzuwandeln.«

### Tod und darüber hinaus

Im Hinblick darauf, was nach dem Tod mit uns geschieht, scheint es vier Überzeugungen zu geben, denen wir vertrauen. Wir können Folgendes glauben:

1. Der Tod bedeutet totale Auslöschung. Wir leben nur einmal. Wir sterben nur einmal. Das ist es dann. Diese Ansicht ist weit verbreitet in der sogenannten Religion des wissenschaftlichen Materialismus.
2. Der Tod führt zu Wiedergeburt oder Reinkarnation. Wir sind wie Wellen im Ozean des Lebens, die mit den Kräften, die uns in diese Welt bringen und uns wieder von ihr nehmen, entstehen und vergehen.
3. Mit dem Tod werden wir körperlose Geister oder bestehen in ganz herrlichen materiellen Bereichen fort, die sehr viel feiner sind als die grobe physische Ebene, mit der wir vertraut sind.
4. Nach dem Tod gelangen wir entweder zu einem ewigen Himmel oder zur Hölle, je nach unserem religiösen Glauben und unseren Handlungen in dieser Welt.

Es ist nicht leicht zu begreifen, weshalb wir mehr zu einer Ansicht anstatt zu einer anderen neigen. Werden wir von der weltlichen Gesellschaft beeinflusst? Beeinflussen uns die Religion und die Kultur? Haben wir das durchdacht? Hatten wir persönliche Erfahrungen, die unsere Meinungen über den Tod und das Leben danach geformt haben? Es gibt kein absolutes Wissen darüber, ob es Leben nach dem Tod gibt oder ob es kein Leben nach dem Tod gibt. Wir können am sinnvollsten nur unseren Geist öffnen.

Manche Menschen verlassen sich vollkommen auf ihre Sinneswahrnehmungen für ihre Sicht von Leben, Tod und Auslöschen, während andere glauben, dass sich die nichtmaterielle Kraft des Lebens in neue Formen begibt. Die Aussicht auf Reinkarnation kann tröstlich sein oder Sorgen bereiten, abhängig von den moralischen Handlungen im gegenwärtigen Leben jedes Einzelnen.

Wer glaubt, nach dem Tod das Reich Gottes zu betreten, wird wahrscheinlich einen Unterschied zwischen dem Leben auf der Erde und dem Leben im Himmel wahrnehmen. Wenn ihr Schicksal auf der Erde bemitleidenswert ist, dann lässt sie das hoffen. Wenn wir jedoch tief ins Hier und Jetzt schauen können, dann ist es möglich zu erkennen, dass »das Reich Gottes in uns« ist, und so können die wahrgenommenen Unterschiede zwischen Leben und Tod aufgelöst werden.

Für die wirklich Befreiten stellen die Fragen über den Tod und das Leben danach kein Problem mehr dar, denn sie wissen, dass die wahre Wirklichkeit ein Bereich ist, der keinen Tod kennt.

Es scheint, dass manche Menschen mit den Verstorbenen übernatürliche Erfahrungen machen, bei denen auch Sinneskontakte beteiligt sein können. Für sie ebenso wie für diejenigen, die die Anwesenheit ihrer verstorbenen geliebten Menschen nicht auf übernatürliche Weise fühlen, erscheint der Unterschied zwischen Leben und Tod verschwommen. Eine Frau berichtete, dass sie noch monatelang, nachdem ihr Ehemann gestorben war, das Gewicht seiner Anwesenheit im Bett neben sich spürte. Eine andere sagte, dass sie die Stimme ihres Mannes hören könne, der ihr Ratschläge für ihre täglichen Angelegenheiten erteilte. Ein Sohn erzählte, dass seine Mutter ihm nach ihrem Tod sagte, dass er sich im Hinblick auf den Tod keinerlei Sorgen machen müsse.

Manche Psychiater behaupten, dass solche Erfahrungen lediglich Halluzinationen seien. Andere denken, dass sie die Möglichkeit der Kommunikation von den Toten zu den Lebenden und umgekehrt bestätigen. Aus Angst davor, sich lächerlich zu machen, vertrauen sich die Menschen bei solchen Erfahrungen oft nur zögerlich anderen an. Diese Erfahrungen können eine übernatürliche Realität weder bestätigen noch verleugnen, aber sie zeigen die Veränderung an, die stattfindet, wenn ein Trauerfall die Wahrnehmung eines Menschen beeinflusst. Manche betrachten den offensichtlichen Kontakt mit dem Verstorbenen als eine Form der unbewussten Verleugnung des Todes. Man kann merklich feststellen, dass diese Erfahrungen der Wiederverbindung bis lange nach dem eigentlichen Tod andauern können und dass die lebende Person kein Anzeichen von emotionaler Störung, Tendenzen zu halluzinieren oder ein ungesundes mentales Verhalten zeigt.

Schließlich ist es genauso bedeutend anzuerkennen, dass manche Menschen nicht von der Vorstellung eines Lebens nach dem Tod betroffen sind. Sie betrachten den Tod als den endgültigen Abschluss einer Beziehung. Der geliebte Mensch lebte, und er starb. Das ist das Ende der Geschichte. Dieses Gefühl für den Abschluss lässt die Hinterbliebenen ihr Leben fortsetzen. Sie fühlen Dankbarkeit für die Zeit, die sie mit ihren geliebten Menschen verbracht haben, ohne Gedanken zu hegen, dass diese auf die eine oder andere Weise weiterleben, noch haben sie die Hoffnung, in Zukunft nach dem Tod wieder mit ihnen vereint zu werden. Wir können nur unserer eigenen besonderen Erfahrung treu bleiben.

## Selbstmord und seine Nachwirkungen

Man entscheidet sich dafür, sich das eigene Leben zu nehmen, wenn die innere Kraft Nichtexistenz statt Existenz oder Nichtsein statt Sein wählt. Obwohl manche aus vielen verschiedenen Gründen und Ursachen diesen Weg wählen, fühlen wir tief in uns, dass es nicht die Antwort ist, um mit den Problemen der Existenz umzugehen, seien sie persönlich oder kollektiv. Es gibt jedoch Ausnahmefälle, bei denen das Leben um seiner selbst willen erhalten wird, die uns nach dem allgemeinen Prinzip des Schutzes des Lebens fragen lässt.

## Die Ursachen für Selbstmord

Alkohol, Drogenmissbrauch und geistige Krankheit bilden häufig die primären Ursachen für Selbstmord. Für manche Menschen – vom Studenten bis zum älteren Bürger – gibt es einfach persönliche Qualen oder eine trostlose Hoffnungslosigkeit, die den Wunsch, ihr Leben zu beenden, verstärkt und beschleunigt. Wer sehr depressiv oder verzweifelt ist, kann sich selbst vielleicht nur schwer so ausdrücken, dass diese Person sich gehört und verstanden fühlt. Wenn sich Menschen tief gequält fühlen, sind sie besonders verletzlich.

## Mit Selbstmord zurechtkommen

Menschen berichten oft, dass diejenigen, die sie kennen und Selbstmord begangen haben, sich in der Persönlichkeit verändert zu haben scheinen, als sie einmal die Zeit und das Datum für ihren Tod festgelegt hatten. Bevor Menschen beschließen, ihr Leben zu beenden, drücken sie oft Verzweiflung, Verwirrung und verschiedene Selbstmordgedanken aus. Dann entscheiden sie sich heimlich für Selbstmord und fühlen danach eine gewisse Ruhe durch diesen Fokus. Sie entspannen sich und kontrollieren ihre Gefühle. Ihre Reaktionen auf andere lassen keine

Anzeichen dafür erkennen, dass sie genau planen, sich selbst zu töten. Wer Selbstmord geplant hat, hat sich jenseits der inneren Qualen, ob man leben oder sterben soll, begeben.

Das war bei einem Mann der Fall, der nach dem Verlust seines Jobs depressiv wurde. Unter schwerem finanziellen Druck fühlte er, dass es keinen Sinn mehr ergab, sein Leben weiterzuführen. Er hatte eine Frau und ein Kind, deren Leben er unerträglich machte, indem er sich von jedem liebenden Kontakt mit ihnen zurückzog in eine Art lebloser Verzweiflung. Dann veränderte er sich und wurde entspannt, ruhig und kommunikativer. Er erwähnte nicht mehr seine Sorgen darüber, wie sie die Hypothek bezahlen sollten oder ob sie ihr Zuhause verlieren würden.

Eines Nachmittags fuhr seine Frau ihr Kind von der Schule abholen. Als sie die Wohnungstür öffnete, sah sie ihren Ehemann an einem Seil hängen, und seine Füße baumelten neben dem Stuhl. Sie bedeckte schnell die Augen ihres Sohnes. Gas strömte aus der Küche, wo ihr Mann alle Gasdüsen am Ofen voll aufgedreht hatte.

Am darauf folgenden Tag sagte sie unter Tränen zu ihrer besten Freundin: »Ich verstehe nicht, warum er sich selbst töten wollte wegen der Unfähigkeit, die monatlichen Rechnungen zu bezahlen. Er wusste, dass es mir nichts ausmachen würde, dieses Haus zu verlassen und in eine Mietwohnung zu ziehen. Am wenigsten kann ich verstehen, weshalb er die Gasdüsen aufgedreht hat. Wollte er auch meinen Sohn und mich töten und das ganze Gebäude in die Luft jagen?«

Es war in dieser Periode der Verzweiflung und Verwirrung unerlässlich, dass die Frau die Unterstützung und die Anwesenheit der liebenden Familie und der Freunde fühlte, damit sie diese Zeit der großen Qualen so schnell wie möglich durchstehen konnte. Sonst wäre sie dem Risiko der beständigen Selbstbeschuldigung ausgesetzt, wenn sie sich an ihre Argumente über Geld und Dinge erinnerte, die sie sagte und nun bereute. Wie bei so vielen schrecklichen Ereignissen in der menschlichen Existenz gibt es keine schnelle Wiedergutmachung und keine Beschreibung für schnelle Selbstheilung. Wir können nur unsere inneren und äußeren Ressourcen verwenden. Wir müssen einen Tag nach dem anderen leben und uns so viel wie möglich auf die gegenwärtigen Aktivitäten konzentrieren, mit geliebten Menschen sprechen, Zeit in der Natur verbringen und liebende Güte für diejenigen entfalten, die in einem solch verwirrten Geisteszustand gestorben sind.

## Töten von sich selbst und anderen

Wer einen Selbstmordversuch unternimmt, will vielleicht die Aufmerksamkeit von anderen auf sich ziehen, von denen sie sich auf die eine oder andere Weise verletzt fühlen. Auf solche verzweifelten Bedürfnisse sollten wir mit all der Liebe und dem Mitgefühl, das wir aufbringen können, reagieren. Andere wollen die Aufmerksamkeit auf eine Sache lenken, sodass sie gewillt sind, bei einem Selbstmordangriff auf andere zu sterben, die sie für die Situation, die sie ändern wollen, beschuldigen.

In den frühen 1990er Jahren traf ich den verstorbenen Ministerpräsidenten von Sri Lanka, der in Bodhgaya, dem Dorf in Indien, wo der Buddha vor etwa 2500 Jahren erleuchtet wurde, auf Staatsbesuch war. Drei Monate später näherte sich dem Premierminister und einigen seiner Begleiter eine junge Frau mit Sprengstoff um ihren Oberkörper bei einer öffentlichen Veranstaltung unter freiem Himmel in Colombo, der Hauptstadt von Sri Lanka. Sie löste den Sprengkörper aus und tötete ein Dutzend Menschen, einschließlich des Premierministers. Sein Körper war nur durch einen Ring an seinem Finger identifizierbar. Diese Art des mörderischen Suizids fällt natürlich in eine ganz andere Kategorie als der Selbstmord, der aus persönlicher

Verzweiflung entspringt. Die Idee, sowohl sich selbst als auch gleichzeitig eine bedeutende politische Figur zu töten, muss bei der Frau tief in der Psyche verwurzelt gewesen sein, die alles andere ausschloss. Vermutlich getrieben von schmerzhaften Erinnerungen, von politischem und religiösem Glauben und von anderen manipuliert, die demselben Glauben anhängen, begab sie sich auf einen Kurs, bei dem sie töten und selbst sterben würde. Es änderte nichts an der Not ihrer Gemeinschaft in Sri Lanka und hat vielleicht nur noch mehr Leiden bei denjenigen, in deren Interesse sie zu handeln glaubte, hervorgerufen.

Wer solch drastische, selbstmörderische Schritte zur Unterstützung eines größeren Guten, an das man glaubt, unternimmt, ist pathologisch. Diese Menschen betrachten ihren Tod nicht als Selbstmord. Sie verstehen ihre Handlungen als Preis dafür, mit denen Krieg zu führen, von denen sie glauben, dass sie ihrer Gemeinschaft so viel Leiden zugefügt haben. Wer sich selbst auf belebter Straße in die Luft sprengt, betrachtet den Verlust seines Lebens nur als geringen Preis.

Soldaten, die in den Kampf ziehen, sind darauf vorbereitet, andere zu töten, und dafür zu sterben, woran sie glauben. Als ein Soldat im Kosovo schoss und eine andere Person zum ersten Mal tötete, ging es ihm ganz schlecht. Er dachte über das Leiden nach, das er der Familie und den Freunden des jungen Mannes zugefügt hatte. Er wollte sein Gewehr wegwerfen und hasste sich selbst und auch den Krieg. Er berichtete, dass er in dieser Nacht nicht schlafen konnte, weil er sich selbst so sehr mit Schuldgefühlen quälte. Sein kommandierender Offizier sagte ihm, dass er sich daran gewöhnen würde.

Am darauf folgenden Tag war der Soldat wieder an der Frontlinie und tötete dieses Mal zwei Männer und verwundete einige. Wieder ging es ihm schlecht, und er ekelte sich vor sich selbst und vor der primitiven Grausamkeit von all dem. Innerhalb einiger Tage gewöhnte er sich ans Töten und sah überall um sich herum den Tod. Er gewöhnte sich wieder daran, nachts gut zu schlafen. Im Laufe einiger Wochen erzählte er anderen jungen Soldaten, denen es beim Töten von anderen menschlichen Wesen genauso schlecht ging, dass sie sich in ein paar Wochen daran gewöhnen würden. Durch solche Erfahrungen kehren Soldaten jedoch traumatisiert nach Hause zurück. Der emotionale und psychologische Preis für die Zeit auf dem Schlachtfeld ist hoch und endet manchmal in Depression und Selbstmord.

Es ist außerordentlich schwierig, die Verletzung und den Schmerz umzuwandeln, der Menschen von Organisationen, die andere absichtlich töten, oder vom Militär, das schießt um zu töten, zugefügt wird. Solches Leid wie Selbstmord oder Töten ist die Hölle auf Erden. Die Aufgabe spiritueller Bewusstheit besteht darin, sich konstruktiv statt destruktiv für das kurzfristige und langfristige Wohlergehen aller zu engagieren. All diejenigen, die Leid, Selbstmord und Tod gegenüberstehen, verdienen unsere Liebe, unsere Fürsorge und unser Mitgefühl.

## Meditation über das Unbekannte

In unserem Leben gibt es Zeiten, in denen wir mit dem Unbekannten konfrontiert werden. Das kann im Hinblick auf die Zukunft sein, wenn wir nicht wissen, wie Ereignisse ausgehen werden, und deshalb über alle Möglichkeiten nachdenken. Der Zweck dieser Meditation besteht darin zu lernen, der Tatsache treu zu bleiben, dass wir – ohne die Ergebnisse zu kennen – leben müssen. Es mag spezifische Situationen von Stress geben, etwa wenn Gefangene auf das Ergebnis einer Gerichtsverhandlung oder eines Einspruchs oder Patienten auf das Resultat ihres Tests warten. In solchen Momenten kann die Meditation über das Unbekannte dabei helfen, Geistesfrieden zu erlangen. Es gibt auch Zeiten, in denen wir erkennen, wie wenig wir über irgendetwas wissen. Das Unbekannte fördert Staunen, Mysterium und das Gefühl für Unschuld und Demut im Leben. Solch eine Meditation lässt uns die Tiefe des Mysteriums berühren, das alles in dieser Existenz durchdringt. Wenn du Angst vor irgendetwas hast, dann nimm deine gewöhnliche Meditationshaltung ein und denke über das Folgende langsam und achtsam nach:

1. Betrachte die Tatsache, wie wenig wir von dieser Welt wissen, und dass das, was wir wissen, durch unsere Sinne, unser Gedächtnis und unsere intuitiven und instinktiven Reaktionen kommt.
2. Untersuche die Tatsache, dass wir nicht den Zeitpunkt kennen, an dem bedeutende Ereignisse geschehen werden, und nur wenig darüber wissen, was uns im Leben bevorsteht.
3. Denke darüber nach, dass sich Ereignisse in unserem Leben ergeben, von denen wir manche erwarten, andere jedoch völlig unerwartet eintreten.
4. Bekräftige die folgenden Gedanken voll Vertrauen:

- Lasst uns die Kraft und Entschlossenheit finden, um Schritte ins Unbekannte – außerhalb unserer vertrauten Interpretationen – im persönlichen, sozialen und nationalen Leben zu unternehmen.
- Lasst uns das Unbekannte als Herausforderung statt als Bedrohung, als Gelegenheit für Klarheit und Weisheit statt deren Vernichtung erfahren lernen.
- Lasst uns nicht so viele Spekulationen über das Unbekannte anhäufen, sondern es annehmen, sodass es unser Bewusstsein erfüllen kann und unserem Leben Mysterium und unermessliche Chancen verleiht.
- Lasst uns Anfang und Ende, Leben und Tod sich auf das Mysterium des Unbekannten stützen, sodass wir vollkommen auf diese unergründliche Existenz ausgerichtet sind.

# V  Vorurteile und Klischees

*Es gibt keine größere Illusion als Angst;*
*keinen größeren Fehler, als dich darauf*
*vorzubereiten, dich selbst zu verteidigen;*
*kein größeres Unglück, als einen Feind zu haben;*
*wer durch all seine Angst sehen kann,*
*wird immer sicher sein.*
*Nichts ist ihm unmöglich, weil er losgelassen hat,*
*kann er für das Wohlergehen der Menschen sorgen.*
LAO TSE, TAO TE KING 46, 59

Zu Hause an meiner Wand hatte ich mehrere Jahre lang ein Farbfoto hängen, auf dem ich neben zwei jungen Männern stehe inmitten der unfruchtbaren, nicht gerade verlockenden Wüste, die sich in Afghanistan zwischen Kandahar und Kabul erstreckt. Das Foto wurde aufgenommen, als ich mit Anfang 20 durch die moslemischen Länder Türkei, Iran, Afghanistan und Pakistan nach Indien reiste. Ich konnte aus erster Hand die raue Umgebung aus Felsen, Sand, vereinzelten Dörfern und planlos gebauten Städten sehen, in denen die verarmten Menschen aus Afghanistan die gewalttätigen internen Konflikte ebenso wie den Zorn der mächtigen westlichen Nationen ertragen mussten.

Ich frage mich oft, was aus diesen beiden jungen Männern geworden ist, die sich um ihre geliebten Kamele in der Wüste kümmerten. Haben sie die Kugeln und die Bomben des gegenwärtigen Konflikts überlebt? Ich kann mich immer noch an die unendlich herzliche Gastfreundschaft erinnern, die mir von den Menschen in diesen moslemischen Ländern zuteil wurde. Kaum jemand sprach Englisch, sodass wir Informationen über Gesten, guten Humor, freundliche Handlungen und Gastfreundschaft austauschten. Ich wurde in verbeulten Autos, in rumpelnden Lkws und in heruntergekommenen, fensterlosen Bussen, die mit Einheimischen auf dem Weg zum Markt in der nahen Stadt vollgestopft waren, mitgenommen.

Als junger Engländer, der mit einem kleinen Rucksack reiste, in dem sich ein abgenutzter Schlafsack, Kleidung zum Wechseln, ein paar Bücher, sehr wenig Geld und ein Fotoapparat befanden, stellte ich sicher keine Bedrohung für jemanden dar. So profitierte ich von der rauen und stolzen Gastfreundschaft dieser Menschen, die eine zentrale Lehre des islamischen Glaubens darstellt. Diese Überlandreise führte mich durch mehr als 30 Länder und formte mein Denken und meine Bildung. Reisen kann den Geist erweitern, und Vorurteile gegenüber einem anderen Land rühren meistens aus Unwissenheit her, und Unwissenheit weckt Angst.

Auch glaube ich, dass ich zwischen normalen Menschen und Regierungen, zwischen Bürgern und militärischen Kräften unterscheiden lernte. Jedoch können wir auch hierbei in die Falle von fest eingeprägten Klischees tappen. Jeder Politiker, jeder Soldat und jeder religiöse Führer nimmt diese Rolle ein und verlässt sie wieder. Dieselbe Person ist vielleicht auch ein Elternteil, ein Vater, ein Bruder, ein Sohn, ein Ehemann, eine Ehefrau, eine Mutter, eine Tochter oder ein enger Freund. Keine Rolle steht isoliert von anderen.

Wir neigen dazu, diese einfachen Wahrheiten zu übersehen, wenn wir uns bei gewalttätigen Handlungen oder bei Krieg über andere negativ auslassen und uns selbst blenden lassen, während wir einen dunklen Schatten auf die Geschichte der Menschheit werfen. Damit eine unantastbare, spirituelle Ethik unsere Vision leiten kann, sollten wir tief in uns selbst schauen, in unsere eigene Kultur, unseren Glauben und unsere Gesellschaft. Wir sollten unsere verhärteten Ansichten vergessen und uns Zeit dafür nehmen zu verstehen, wie uns andere sehen. Solche inneren und äußeren Reflexionen können die kostbare und verletzliche Natur des Lebens und besonders das Recht der Männer, Frauen und Kinder, sich verstanden zu fühlen, beschützen.

Klischees und Vorurteile wurzeln in der menschlichen Psyche und werden von Angst und Unwissenheit gezüchtet. Diese beiden Hauptfaktoren erzeugen die Art von engstirnigem und intolerantem Denken, die zu Aggression und physischer Gewalt führen kann. Wir sollten erkennen, dass die spirituelle Reaktion auf das Problem der Klischees darin besteht, unsere unterdrückten oder unsere wenig erkannten Gefühle von Unsicherheit und Feindseligkeit ins Bewusstsein zu bringen, sodass wir richtig damit umgehen können. Wie das Zitat aus dem Tao Te King zu Beginn dieses Kapitels besagt: »Wer durch all seine Angst sehen kann, wird immer sicher sein.«

## Das Problem der Klischees

Menschen und Dinge in ein Klischee zu zwängen, bedeutet, sie zu verallgemeinern. Die Gefahr besteht jedoch darin, dass wir dazu tendieren, die Komplexität und die Vielfalt auf primitive Bilder oder Karikaturen zu reduzieren. Deshalb überrascht es nicht, dass sich die meisten von uns dem widersetzen, als Klischee betrachtet zu werden, weil wir fühlen, dass wir dabei mit anderen in einen Topf geworfen werden oder wir auf eine Weise dargestellt werden, die sehr vereinfacht und schwierig zu ändern ist.

Rücksichtsvolle Menschen verwenden keine Klischees, weil sie Verständnis dafür haben, dass andere deren Gebrauch als Angriff verstehen. Obwohl wir nur ungern überkommene, verallgemeinernde Kommentare abgeben, wiederholen wir sie dennoch – sowohl positiv als auch negativ – immer dann, wenn wir in kollektiven Bezeichnungen über ein Land oder eine Gruppe von Menschen sprechen, wie zum Beispiel: »Die Franzosen sind wunderbare Köche«, oder: »Die Engländer sind fremdenfeindlich«, oder: »Die Kanadier sind traditionell« und so weiter.

Klischees wie diese dienen vielleicht dazu, gemeinsame Eigenschaften von Gruppen von Menschen schnell zu skizzieren. Das Problem besteht jedoch darin, dass wir durch diese Bilder dazu neigen, uns auf negative Charakterzüge zu konzentrieren und die positiven zu verleugnen oder umgekehrt. Dann erzeugen wir voreingenommene Informationen über Nationen, über politischen oder religiösen Glauben oder über Gruppen von Menschen und reduzieren sie auf Klischees, die wir für die unveränderliche Wahrheit halten. Diese Bilder können dann bedeutender werden als die Menschen dahinter und zu einer Schwarz-Weiß-Sicht der menschlichen Natur führen.

Darüber hinaus können sich negative Klischees leicht im Geist verstärken und zu Ungeduld mit oder Intoleranz von anderen führen. Im Extremfall kann dieser Prozess ein Land oder eine Gruppe dazu bewegen, Krieg zu führen, gewalttätig zu handeln oder Selbstmordattentate zu begehen.

Es ist wichtig, die typische psychologische und emotionale Entwicklung von denjenigen anzuschauen, die zu Gewalt fest entschlossen sind und deren Haltung gekennzeichnet wird von einer unhinterfragten Treue zu Klischees, die von den wirklichen Menschen und dem wirklichen Leben getrennt sind. Dies geschieht eher unbewusst als bewusst. Das Problem beginnt, wenn sich unsere negativen Gefühle zunehmend um ein Wort, das eine Gruppe von Menschen definiert, festigen. Im gegenwärtigen politischen Klima kann das geladene Wort »Amerikaner« oder »Moslems« sein. Anstatt die verschiedenen Bedeutungen, Assoziationen und Nuancen eines Wortes zu beachten, projizieren wir viele Ansichten darauf, die sich im Laufe der Zeit immer mehr verstärken. Wenn wir dieses Muster nicht infrage stellen, nähren wir das stereotype Bild, bis es in der Psyche festsitzt. Wenn es dort einmal fest etabliert ist, erleben wir einen entsprechenden Widerstand, wenn wir es untersuchen wollen. Stattdessen sind wir äußerst und unwiderruflich davon überzeugt, dass unsere Einstellung und unsere moralische Verantwortung absolut richtig sind.

Der Konflikt, der mit den Ereignissen vom 11. September 2001 begann, dient als Metapher für alle vergangenen, gegenwärtigen und zukünftigen Konflikte. Typischerweise teilen zwei Seiten, die beide von ihrer eigenen Haltung überzeugt sind, eine ähnlich feindselige Einstellung gegenüber dem anderen, und sie betonen die Unterschiede zwischen sich, obwohl sie vielleicht mehr gemeinsam haben, als sie zugeben wollen. Der Prozess, den »Feind« in ein Klischee zu zwängen, betrifft nicht nur die Wahrnehmung, sondern auch Urteile und Meinungen, die wiederum zu Handlungen anregen, die zahllose unschuldige Menschen beeinflussen. Im gegenwärtigen Konflikt zum Beispiel haben westliche Touristen ihre Urlaubsreisen in moslemische Länder storniert aus der Angst heraus, dass sie stereotyp als Unterstützer der Außenpolitik ihrer Regierung betrachtet werden. Männliche Passagiere mussten ein Flugzeug, das von Schweden nach Spanien fliegen sollte, verlassen, weil sie wie Menschen aus dem Mittleren Osten aussahen. Außerdem wurden Moscheen im Westen und Kirchen in Pakistan Schaden zugefügt.

In diesem Klima des Konflikts und des gegenseitigen Klischeedenkens glauben wir, dass unser Leben sehr viel mehr bedeutet als das Leben anderer in anderen Teilen der Welt. Uns fehlt die Fähigkeit, für all die unschuldigen Menschen, die irgendwo einen grauenhaften Tod sterben, Tränen zu vergießen. Es ist relativ einfach, die Fehler von anderen zu finden, die scheinbar weit entfernt sind von unserer eigenen Kultur. Viel schwieriger ist es, uns selbst zu betrachten.

Wir tragen die Verantwortung dafür, wie wir stereotype Bilder und deren schmerzhafte Konsequenzen aufnehmen und erschaffen. Werden wir uns nämlich der Klischees bewusst, die wir innehaben und wie sie sich in uns bilden, können wir ihre Wirkung auf uns zu verstehen beginnen und so mit ihnen umgehen. In den letzten Jahren haben Soziologen bedeutende Forschungen hinsichtlich dieser destruktiven Bilder gemacht, die der Nährboden für Hass geworden sind und dafür verwendet werden, um Intoleranz anderen gegenüber durch primitive Literatur, öffentliche Reden, gewisse Internetseiten oder Videos zu verbreiten.

Einige Formen der Medien passen sich selbst natürlich an Klischees an. Zum Beispiel greifen Zeitschriften oft zu Klischees. Und Filme, die unmittelbar wirken wollen, schränken häufig komplexe Charaktere und Situationen auf Typen wie »gute Menschen« und »schlechte Menschen« ein.

In den Medien können wir einfache Beispiele für stereotype Darstellungen erkennen. Aber wir tragen alle Verantwortung für diese Klischees bei der Beschreibung von Menschen eines bestimmten Landes, einer Kultur oder einer bestimmten Religion, einer Hautfarbe, eines Alters, eines Geschlechts oder einer sexuellen Orientierung. Die meisten von uns sind sich nur selten bewusst, wie häufig wir zu stereotypen Bildern über Menschen auf eine Art greifen, die viel mehr über unsere Haltung aussagt, als wir wahrnehmen, wie die beiden folgenden Beispiele veranschaulichen.

Eine junge Studentin aus dem Iran kam in London an. Am Flughafen kaufte sie eine Busfahrkarte und realisierte erst danach, dass sie mit ihrem Studentenausweis eine Ermäßigung erhalten hätte. Sie bat die Frau, die ihr das Ticket ausstellte, es in ein günstigeres umzutauschen. Die Frau wurde sehr ärgerlich. Nach dem Umtausch des Tickets wandte sie sich an ihren Kollegen und bemerkte: »Diese Leute aus dem Mittleren Osten sollten dahin zurückkehren, woher sie gekommen sind.«

Eine junge westliche Studentin ging nach Pakistan, um dort die Religion und die Kultur zu studieren. Sie sagte, dass sie sich respektlos behandelt fühlte. Bei der Hitze trug sie kurze Ärmel und lange Baumwollhosen, und diese Kleidung – obwohl nach westlichem Standard unauffällig – ließ sie verschiedene junge Männer so behandeln, als sei sie sexuell verfügbar. Sie fühlte sich als bestimmte Person klischeehaft behandelt.

Wir benötigen Achtsamkeit, um unsere Tendenz zu Verallgemeinerungen mitzubekommen, die Einzelne als Gruppen, die sie repräsentieren, beschreiben. Um diese Gewohnheit zu überwinden und unseren Gebrauch von Klischees aufzudecken, kann uns die Untersuchung der folgenden Fragen oder Punkte helfen:

1. Über welche Gruppe von Menschen in deinem Leben sprichst du am positivsten?
2. Sei dir deiner positiven Sprache bewusst, mit der du solche Menschen beschreibst. Sei achtsam auf deine angenehmen Gefühle, Gedanken und Ausdrücke, die die Verwendung eines positiven Klischees begleiten.
3. Erkennst du an, dass andere vielleicht ein negatives Klischee derselben Gruppe von Menschen innehaben? Wie reagierst du auf deren Wahrnehmung? Nimmst du irgendeine Wahrheit in anderen Ansichten wahr?
4. Welche Gruppe von Menschen findest du am schwierigsten zu akzeptieren? Gehörst du zu einer Kultur des Beschuldigens?
5. Sei achtsam auf jedes negative Klischee, das du für solche Menschen innehast. Sei dir bewusst, dass negative Bilder oft

111

von der vorherrschenden Kultur dieser Zeit beeinflusst werden (zum Beispiel haben vor einem Jahrhundert britische Kolonialisten und Missionare die Menschen aus Afrika als »Wilde« bezeichnet).

6. Erkennst du, dass andere Menschen von der Gruppe, von der du in negativen Klischees denkst, sehr positiv sprechen?

7. Bist du fähig auszudrücken, was du an einer Gruppe von Menschen schätzt, und ebenso, worüber du dir Sorgen machst?

Wenn wir einmal unsere Tendenz, in Klischees zu denken, erkannt haben, ist es viel einfacher, sie zu überwinden. Diesen Prozess können wir auch beschleunigen, indem wir aktive Schritte unternehmen, um die Realität hinter diesen Bildern aufzudecken. Wissen zerstreut die Unwissenheit, die ein Klischee nährt. Wenn wir gegenüber Hinduisten übel gesinnt sind, könnten wir es zum Beispiel arrangieren, zu einem Tempel zu gehen und ihre Verehrung zu beobachten. Vielleicht stellen wir fest, dass – die Rituale aus erster Hand zu bezeugen – uns wirkliche Einsicht in eine religiöse Tradition verschafft, die sich von unserer eigenen unterscheidet, und fegt die Zurückhaltung oder die Verachtung, die wir eventuell vorher gefühlt haben, hinweg.

Das Lesen über die Geschichte und über die Evolution einer Nation oder eines Volkes kann auch unsere dunklen Vorurteile erhellen. Zu lernen, wie die Unruhen in Nordirland und der gegenwärtige Konflikt zwischen den Israelis und den Palästinensern in Ereignissen der Vergangenheit wurzeln, lässt die Motive, die Ängste und die Wut auf allen beteiligten Seiten verständlicher werden. Mit diesem Verständnis wird es schwieriger, Menschen als »Fanatiker« abzuschreiben.

Es gibt auch wichtige historische Ereignisse, die zeigen, dass Brücken bauen effektiv Klischees niederreißen kann. Nach dem

Zweiten Weltkrieg trafen sich die gewählten Offiziellen von
Städten aus England mit denen aus Deutschland, um ihre je-
weiligen Städte zu Partnerstädten zu machen und damit neue
Beziehungen zu bilden. Dies wurde in ganz Europa gemacht.
Dadurch konnten die Menschen ihre nationalen Klischees als
das sehen, was sie waren: vereinfachte Verzerrungen. Ebenso
fuhren einige amerikanische Bürger nach Japan, Vietnam und
Kuba, um selbst die Staaten zu sehen, die ihrem Land gegenüber
feindselig eingestellt waren. In den kommenden Jahren werden Amerikaner zweifellos Gegenden besuchen, wo heute noch
Konflikte herrschen, wie Afghanistan oder Irak. Noch einmal:
Solche Reisen helfen dabei, die stereotypen Bilder niederzurei-
ßen.

## Den Schatten projizieren

Es gibt keine größere Herausforderung für die Arbeit an uns
selbst, als sich mit dem zu konfrontieren, was in der Psychotherapie als der »Schatten« bekannt geworden ist. In einem Sinn
wird das Wort als Metapher benutzt, um zu beschreiben, wie
vergangene, gewohnte Tendenzen das Licht der Weisheit und
Klarheit im gegenwärtigen Moment dämpfen. Sogar mit den
besten Absichten können Menschen einem Kampf, wenn nicht
gar Krieg, zwischen der Dunkelheit und dem Licht in ihnen
ausgesetzt sein. Menschen erleben den Dschihad (den Heiligen Krieg), wenn sie versuchen, ihre Probleme und Süchte zu
bekämpfen. »Ich bin mein eigener schlimmster Feind«, ist ein
Satz, den viele von uns verwenden. Die dunkle Seite unseres Innenlebens ist wie ein Gewitter, das das Sonnenlicht nicht durchlässt, obwohl die Sonne niemals aufhört zu scheinen.

In einem anderen Sinn beschreibt das Wort »Schatten« besonders die vernachlässigten Teile unseres Lebens – die Aspekte unseres Charakters oder unserer Persönlichkeit, für die wir

uns vielleicht schämen oder die wir bestreiten oder verleugnen und dann auf andere projizieren. So sind wir vielleicht ständig denjenigen gegenüber kritisch, von denen wir denken, dass sie ehrgeizig seien, während wir uns unseres eigenen Ehrgeizes nicht bewusst sind. Oder wir hegen vielleicht höchst aggressive Ansichten über die Befreiung der Homosexuellen oder über die Frauenrechte, weil diese Bewegungen eine Unsicherheit in uns auslösen, die uns kaum bewusst ist.

Für die Bewusstwerdung des Schattens, den wir projizieren, hilft es uns, sowohl uns selbst als auch andere zu verstehen. Dazu benötigen wir Einfühlsamkeit, Bewusstheit und Mut, denn die Konfrontation der Dunkelheit in uns ist eine herausfordernde Aufgabe. Die folgenden Punkte zu betrachten, kann uns dabei helfen:

1. Denke über Themen oder Angelegenheiten nach, die dich über jedes Maß wütend oder aufgeregt werden lassen.
2. Denke an Einzelne, die du ständig für gewisse Eigenschaften verunglimpfst.
3. Stelle eine Liste von Dingen auf, die du befürchtest oder hasst, und versuche, dir solche Menschen oder Gruppen vorzustellen, die diese Ängste und Abneigung verkörpern.

Um mit dem Schatten umzugehen, sollten wir so viel Licht wie möglich in die dunklen Winkel unseres Innenlebens hineinlassen. Bewusstwerdung ist die erste und härteste Schlacht. Wenn wir wissen, dass wir damit umgehen müssen, wird es leichter zu sehen, wie unsere Schwächen unsere Gedanken über andere färben. Wenn wir uns dann selbst unsere Fehler vergeben können, wird es leichter, unsere Projektionen von anderen zurückzunehmen und ihnen dafür zu »vergeben«, was wir als ihre speziellen Fehler wahrgenommen haben.

Das Problem des Schattens existiert nicht nur auf einer persönlichen Basis, sondern auch auf der nationalen Ebene. Als Gesellschaft projizieren wir unseren Schatten ganz allgemein auf andere Gruppen und Kulturen und dadurch verunglimpfen wir sie schließlich oder verachten sie sogar. Eines der offensichtlichsten zeitgenössischen Beispiele dieses Syndroms ist hinsichtlich der westlichen und der arabischen Welt sichtbar. Durch zahllose neue Berichte vermuten viele von uns im Westen, dass Araber und andere Moslems allgemein Extremismus befürworten. Wir betrachten den moslemischen Glauben als eine fremde Religion, statt anzuerkennen, dass ihre Wurzeln – genau wie die des Christentums – bis zu dem großen hebräischen Patriarchen Abraham zurückgehen. Wir sind sicher, dass die Regierungen aller arabischen Nationen autokratisch sind und Vorurteile gegenüber Frauen haben. Genauso gibt es Moslems, die den Westen in einem ähnlich verzerrten Licht sehen. Sie sehen eine Gesellschaft, die völlig gottlos und vom Materialismus besessen ist. Sie setzen Liberalität unmissverständlich mit Dekadenz gleich. Unser Schatten nährt unsere stereotype Sicht von ihnen und umgekehrt.

Wenn wir mit spiritueller Achtsamkeit diese verschiedenen Ansichten betrachten, können wir versuchen, die Sinnlosigkeit einer Parteiergreifung bei einer gewalttätigen Konfrontation aufzuzeigen. Die arabischen und die westlichen Nationen sollten den Einfluss des Schattens auf ihre Entscheidungen und die Art, wie er Aggression, Intoleranz und Selbstrechtschaffenheit schürt, zugeben. Dann können wir erkennen, dass das, wessen wir andere beschuldigen zu tun, bis zu einem gewissen Grad bei uns selbst existiert. So können Araber vielleicht zugeben, dass zum Beispiel der Materialismus nicht nur auf den Westen beschränkt ist. Und der Westen sieht vielleicht, dass Unterdrückung der Frauen und strenge Regeln hinsichtlich der Kleidung nicht ausschließlich in der arabischen Welt existieren. Es ist nur eine Frage des Ausmaßes.

Der folgende Vorfall veranschaulicht diesen Punkt. In einem Sommer unternahm ich mit einer Freundin, Nina, eine Pilgerreise. Wir wollten in Ägypten den Berg Sinai, wo Moses traditionell die Zehn Gebote erhalten hat, besteigen und eine Nacht dort verbringen. Am Fuß des Berges baten Mönche des griechisch-orthodoxen Klosters St. Catherine von Alexandrien darum, dass die Pilger und Touristen ihre Schultern und Beine innerhalb des heiligen Bereiches bedecken sollten als Zeichen ihres Respektes. Ich bemerkte, dass ein streitlustiger Tourist darüber zu protestieren begann, sich an ein solches Protokoll anpassen zu müssen. Er brachte seine stereotypen Bilder von Religion zum Ausdruck, aber er vergaß, dass seine eigene weltliche Kultur von Männern und Frauen eine bestimmte Kleiderordnung verlangt. Was würde mit einem Angestellten in einem Büro geschehen, wenn er an einem heißen Tag bei der Arbeit ankäme und nur ein paar Gummisandalen, einen großen Sonnenhut, Hawaii-Shorts und ein T-Shirt tragen würde? Die westliche Kultur hat ihre eigenen strengen Regeln und übt damit Druck aus. Es wäre gerecht zu sagen, dass die westliche Kultur den Angestellten sowohl in öffentlichen als auch in privaten Büros nicht erlaubt, dass sie dort tragen, was immer sie wollen.

## Mit Vorurteil umgehen

Es gibt eine Fülle an Schriften und Workshops, die die verschiedenen Vorurteile und Klischees behandeln, die in der Gesellschaft herrschen und Kummer oder sogar Terror erzeugen. Diese Tendenzen finden nicht nur international statt, sondern auch am Arbeitsplatz. Manche Menschen erkennen, dass ihre Vorurteile tief verwurzelt sind und sich bis zur Kindheit erstrecken, als einige davon unbewusst von den Eltern aufgenommen wurden. Jedoch können dieselben tiefen Vorurteile auch noch später im Leben durch Wahrnehmungen und Schlussfolgerungen gebildet werden und verstärken sich oft durch den Kontakt mit anderen, die dieselbe Ansicht teilen.

Mehr als 50 Männer arbeiteten auf der Baustelle eines Gebäudes in einer Provinzstadt in England, um eine Schule zu modernisieren, die über viele Jahre hinweg baufällig geworden war. Maurer, Klempner, Maler und Elektriker kamen zusammen, um die Schule fertigzustellen. Eines Tages ging ein britischer Maler von karibischer Abstammung in eine Toilettenzelle, um seine Arbeit fortzusetzen, als er eine auf die Wand gemalt Botschaft sah: »Du bist in diesem Land nicht erwünscht. Schwarzer Bastard, geh dahin zurück, woher du gekommen bist.« Der erschütterte Maler teilte dies seinem Aufseher mit, der anderen Mitgliedern des Teams sofort anordnete, diese Beschimpfungen zu übermalen. Niemand bekannte sich zu der Tat, und der karibische Mann spekulierte täglich, wer von seinen Arbeitskollegen solch eine schreckliche Botschaft hingekritzelt hatte.

Menschen haben oft einen abwegigen Sinn für Treue gegenüber ihrer eigenen »Gruppe«, die Ärger und Hass gegenüber einer anderen »Gruppe« züchtet. Wir neigen dazu, in unserem Geist Unterschiede zwischen Menschen zu machen und dann danach zu handeln. Dieses Muster steigt oft in uns auf, obwohl wir intellektuell beteuern, dass alle Formen von Vorurteilen ungesund seien. Bei Anhängern der Prinzipien einer gemischtrassigen und egalitären Gesellschaft steigen vielleicht alte Gefühle von Vorurteilen auf, wenn sie persönliche Angelegenheiten betreffen, wie zum Beispiel bei einer gemischtrassigen Beziehung eines Familienmitgliedes oder bei einer Hochzeit einer armen Person mit einer reichen oder wenn ein junger Mensch eine Beziehung mit einem sehr viel älteren Menschen eingeht. Das alte stereotype Bild findet sein Ventil durch Zweifel und Wut gegenüber einer anderen Person (deren Verhalten auch das alte Vorurteil verstärken kann) und nährt sie.

Wenn sich ein Vorurteil einmal etabliert hat, bleibt es im Bewusstsein bestehen. Der karibische Maler erzählte mir, dass ihn einmal einer seiner Freunde von den Westindischen Inseln in der Stadt, in der er lebte, besuchen kam. Als die beiden die Hauptstraße entlang gingen, schauten manche Menschen auf die andere Seite oder überquerten sogar die Straße. Die beiden Männer wurden verunsichert durch die Reaktion der Passanten, die es nicht gewohnt waren, schwarze Menschen in der Stadt zu sehen.

Vorurteile sind wie getönte Brillen, durch die wir in die Welt schauen. Wenn sich das voreingenommene Bild im Geist zeigt, so sehen wir das und erinnern uns daran. Wenn wir nur ein begrenztes Verständnis für die Vielfalt haben, dann identifizieren wir uns selbst mit denjenigen, die uns am ähnlichsten sind, und sind unfähig, dasselbe Gefühl von Nähe und Vertrautheit für diejenigen zu empfinden, die anders erscheinen. Es ist nicht leicht, diesen verschlossenen Panzer der Existenz, diese alte mentale Konditionierung, aufzubrechen und sich zu entschließen, sich jenseits der äußeren Erscheinungen zu begeben.

Unsere unterschwelligen Ängste wahren unsere Vorurteile und halten uns davon ab, unsere Betroffenheit oder unseren Protest auszudrücken, wenn wir Zeuge von Diskriminierung werden. Unsere Angst davor, etwas auszusprechen, stärkt die Arroganz derjenigen, die eine verzerrte Sicht von anderen darstellen. Für Eindrücke empfängliche Einzelne klinken sich dann darauf ein, Menschen in ein Klischee zu zwängen, und imitieren das. Grobe Verallgemeinerungen, zynische Ansichten und schwächende Witze erzeugen eine unangefochtene Kultur für Vorurteile, die indirekt durch schweigende Ängstliche unterstützt wird. Die Kraft für Veränderung entsteht, wenn zwei Arten von

Menschen bereit sind, sich gegen Klischees einzusetzen: diejenigen, die Zielscheibe für Vorurteile sind, und diejenigen, die Vorurteile über Farbe, Klasse, Menschen anderer Hautfarbe und so weiter von Menschen ihrer eigenen Gruppe mitbekommen.

Es spielt keine Rolle, ob ein Mensch die Position einer Autorität hat oder nicht, er oder sie muss dennoch den geladenen Eindruck entschärfen, der auf einen anderen Menschen oder eine Gruppe projiziert wird. Wenn sich zum Beispiel Menschen, die zusammenarbeiten, treffen, um ihre Haltung gegenüber einem anderen zu untersuchen, so kann dies das Klima an ihrem Arbeitsplatz verändern helfen. In einem kollektiven Forum können diejenigen, die sich normalerweise gehemmt fühlen zu sprechen, die Kraft finden, um ihre Sorgen zum Ausdruck zu bringen. Eine aktive Haltung gegenüber jeder Form von Abneigung kann viel Wohlwollen und Kooperation freisetzen, was den tieferen Interessen des Mitarbeiterstabs und der Gesellschaft dient. In der Geschichte von oben erleichterte es die starke Unterstützung des Aufsehers dem schwarzen Maler, auf der Baustelle zu bleiben. Auch half es ihm, dass ihn andere Arbeiter unterstützten.

Juristische Systeme in westlichen Gesellschaften haben bedeutende Schritte unternommen, um die Vorurteile und Klischees, die das Leben von Menschen zerstören können, infrage zu stellen. Jedoch haben wir noch nicht damit begonnen, diese Prinzipien ständig auf eine internationale Basis auszudehnen, indem internationale Gesetze verwendet werden, um Menschen vor Schmerzen durch Vorurteile zu beschützen. Wir sind alle eine Familie. Krieg ist die äußere Bestätigung von inneren Kräften von Vorurteilen, die anderen Leid zufügen wollen. Unsere Gesellschaft hat noch nicht begonnen, sich an einer Debatte darüber zu beteiligen. Was wir von unseren Arbeitgebern nicht tolerieren würden, billigen wir bei der Behandlung unserer

Führer von Menschen im Ausland. Nur durch konstruktives Engagement können wir Konflikte lösen. Dies erfordert Umdenken. Solange Menschen auf der Erde leben, haben wir weit länger nebeneinander bestanden als eine nicht funktionierende Familie. Wir müssen Schritte zur Heilung der Trennung unternehmen, alte Wunden angehen oder ansprechen und uns gegenseitig durch Worte und Taten unterstützen.

## Schritte zum Beenden unserer Vorurteile

Vorurteile zu überwinden, geschieht nicht über Nacht. Zuerst müssen wir uns unsere eigenen persönlichen Vorurteile bewusst machen, bevor wir sie angehen können. Manche werden uns offensichtlich sein, andere benötigen eine größere Bewusstheit. Benutze die folgenden Schritte, um Vorurteile zu erkennen und aufzulösen:

1. Entschließe dich aufrichtig dazu, damit aufzuhören, andere schlecht zu machen. Sei dir zum Beispiel einer Neigung bewusst, geringschätzige oder sarkastische Bemerkungen zu machen.
2. Erkenne, dass andere zum Feind zu machen ein Geisteszustand ist. Negatives Denken führt oft zu negativen Handlungen.
3. Wandele die Arroganz der Überheblichkeit in eine Bewusstheit des Miteinanderverbundenseins um. Schließlich sind wir alle den menschlichen Bedingungen unterworfen und müssen uns gegenseitig helfen.
4. Gewöhne dich an typische konditionierte Reaktionen und suche nach Führung durch und Verständnis von anderen, um deine Mentalität zu verändern.
5. Höre auf die freundliche innere Stimme statt auf die verhärtete. Die positive Stimme ist vielleicht untergegangen, aber mit Geduld wirst du sie schließlich hören können.

## Unsere Wahrnehmung infrage stellen

Menschen nehmen gewöhnlich ihre Wahrnehmungen als richtig an, ohne sie infrage zu stellen. Es scheint, dass wir alles glauben, was uns unsere Sinne, Gefühle und Gedanken erzählen. Jedoch verlassen wir uns viel zu sehr auf das, was wir sehen, hören und woran wir uns erinnern, mit all den verschiedenen beteiligten Vorlieben und Abneigungen. Unsere Wahrnehmung von uns selbst, von anderen und von Ereignissen findet meistens auf einer sehr oberflächlichen Ebene statt, und die meisten von uns denken, sie sei in Stein gemeißelt. Gleichzeitig neigen wir dazu, uns Menschen und Dingen anzuschließen, die unsere Wahrnehmung befürworten, und distanzieren uns von denjenigen, die unsere Sicht der Realität durcheinanderzubringen drohen. Wir müssen vertrauen, um zu zweifeln.

In dieser Hinsicht können uns spirituelle Traditionen und Praxis helfen, unsere gewöhnlichen Ansichten über die Welt zu überdenken und so unsere Vorurteile und stereotypen Bilder infrage zu stellen. Eine authentische spirituelle Sichtweise hinterfragt das gesamte Gebäude unserer Wahrnehmung. Dies bedeutet, unsere Neigung zu groben Verallgemeinerungen über Menschen und zusätzlich den Mechanismus, der zu häuslichen oder internationalen Konflikten führt, zu zerlegen. Auf der ganzen Welt sind zahlreiche Menschen – gewöhnliche Männer, Frauen und Kinder – in Konflikte verwickelt, worauf sie wenig Verlangen verspüren. Anstatt ihr tägliches Leben mit Arbeit, Freizeit, Beziehungen und religiösem Dienst zu führen, werden sie den Entscheidungen von Staatsoberhäuptern und von politischen oder religiösen Organisationen unterworfen. Kein Wunder, dass wir uns oft zu hilflos und kraftlos fühlen, um den Gang der Ereignisse zu verändern. Dieses Gefühl von Hilflosigkeit verursacht Frustration, die sich wie ein brodelnder Vulkan vermehrt.

Wie Wahrnehmungen fixiert und destruktiv werden können, zeigt das folgende Beispiel. Im Juli 2001 sprach ich bei einem der beiden buddhistischen Fünftage-Retreats, die ich in
einem Kibbuz eine Autostunde nördlich von Tel Aviv leitete, zu
einer 40-jährigen Frau, einer Büroangestellten aus Tel Aviv, die
mir gegenüber ihre unterdrückte Wut und Verzweiflung zum
Ausdruck brachte. »Ich will jeden Palästinenser töten. Mit diesem Gedanken wache ich jeden Morgen auf. Das ist die einzige
Lösung«, sagte sie. »Die endgültige Lösung?«, fragte ich. »Ja, ich
weiß, es ist schrecklich, das zu sagen, aber so denke ich jeden
Tag.« In diesem Retreat habe ich die Teilnehmer dazu eingela-
den, nach vorne zu kommen, um etwas zu untersuchen, was ihr
Leben beeinflusst. In einem 40-minütigen Dialog machten die
Frau und ich eine Reise in ihre dunkle Innenwelt, während der
sie die ganze Schuld den Palästinensern gab. Sie schien zynisch
hinsichtlich der Hoffnung und der Anstrengungen für Frieden
und Versöhnung.

Es war ihr vielleicht nicht bewusst, aber sie hatte genug Vertrauen und Zuversicht in sich, um ihre Gefühle auszudrücken,
in dem vollen Wissen, dass manche Menschen entsetzt von dem
sein würden, was sie hörten. Das ist der Vorteil eines spirituellen Retreats – es verleiht ein Gefühl der Sicherheit, das es Menschen erlaubt, ihre tiefsten und dunkelsten Gedanken zu teilen
und sie ins Licht der Bewusstheit zu bringen, wo sie sich auflösen können. Obwohl diese Frau ihre dunkle Wahrnehmung
hinsichtlich der Situation in Israel und ihre gewalttätige Lösung
dafür ausdrücken konnte, unterdrückten andere ihre eigene. Ich
erinnerte die Teilnehmer daran, dass solche Gedanken – ausgedrückt oder nicht – in unserem täglichen Leben als verzerrter
Ärger oder als plötzliche Wutausbrüche in Erscheinung treten.

Manche Israelis weinten, als sie der Sitzung beiwohnten,
andere schluchzten und verließen den Saal und spiegelten die

Gefühle der Hilflosigkeit, die gewöhnliche Israelis bezüglich der Veränderung ihres täglichen Alptraums hegen. Wie ein Teilnehmer nach dieser Sitzung sagte: »Israel geht in die Brüche. Wir sind eine nichtfunktionierende Nation geworden. Wir denken, dass die Dinge nicht schlimmer werden können, aber sie tun es.«

Verzweiflung und Frustration verfolgen Israel, selbst unter aufmerksamen Menschen, die die Krise lösen wollen. Du kannst nicht in ein Restaurant gehen, eine Straße entlang laufen, einen Bus besteigen oder in einen Klub gehen, ohne an Terrorismus zu denken. Eines Tages saß ich in einem überfüllten Restaurant in Jerusalem, um eine Tasse Kaffee zu trinken, als zwei arabische Israelis, wovon einer eine Einkaufstasche trug, eintraten, um ein Getränk zu kaufen. Manche ängstlichen Gäste beobachteten den Mann genau, als seine Hand in seine Tasche griff. Nichts geschah … dieses Mal.

Sowohl Israelis als auch Palästinenser leben in der Hölle, in der sich ihre Wahrnehmung voneinander verfestigt hat und sich ihre Vorurteile verstärken. In diesem Fall ist Dialog praktisch unmöglich, weil die Wahrnehmung die Möglichkeiten unter ihren fixierten Bildern nicht durchlässt.

Ein spiritueller Ansatz kann helfen, fest verwurzelte mentale und emotionale Positionen aufzurütteln und Kommunikation zu erleichtern. Gebet, Meditation und Reflexion sind die primären Werkzeuge. Sie konzentrieren und beruhigen den Geist und befähigen uns, tiefer in uns selbst zu gehen und eine andere Art des Seins in der Welt zu realisieren, die weitgehend frei ist von entzweienden Ansichten und von negativen Reaktionen. Durch diese Praxis können wir:

1. Die Gewohnheit durchbrechen, manche Menschen entweder in einem rein positiven oder negativen Licht zu sehen.

Wenn wir das tun, erkennen wir die Natur der Menschheit mit all ihrer Vielfalt und Komplexität.

2. Die konventionellen Wahrnehmungen infrage stellen und unseren Geist davon befreien. Wir erkennen kaum, wie sehr wir durch unsere Wahrnehmung der Dinge wie Vögel in einem Käfig eingesperrt sind.

3. Erkennen, wie sehr wir in unserem Leben auf andere angewiesen sind – von Rechtsanwälten und Krankenschwestern bis zu Lehrern und Entertainern – und dass wir uns dem widersetzen sollten, fest verwurzelte Wahrnehmungen auf andere Menschen, denen wir zum ersten Mal begegnen, zu projizieren.

4. Erkennen, dass wir als menschliche Wesen dieselben Ängste, Schrecken und Wünsche teilen. Zu einer bestimmten Gruppe zu gehören, ist keine Absage an unsere Zugehörgkeit zur menschlichen Rasse. Wir können uns um Versöhnung bemühen, anstatt den Vorurteilen unserer Führer nachzueifern.

## Gemeinsame Faktoren aller Religionen

Es ist leicht, aus Gewohnheit zu denken, dass unsere eigene Religion die »beste« sei und andere Gläubige falsch liegen. Die folgenden beiden Aufstellungen zeigen, dass Religionen – selbst die aus einer anderen Kultur oder mit einem anderen historischen Hintergrund – mehr gemeinsam haben – zum Guten und zum Schlechten –, als wir vielleicht denken.

### Positive Faktoren

1. Handeln aus Mitgefühl, zum Dienen und aus Großzügigkeit.

2. Bekräftigt moralische Grundlage im Leben.

3. Veränderung durch Hingabe, Vertrauen, Meditation, Verwirklichung oder Offenbarung.

4. Dauerhafte Werte, wie Liebe, Frieden, Gerechtigkeit.
5. Mittel für soziale Veränderung.
6. Anerkennung des Lebens in der Gemeinschaft.
7. Rituale, die auf das »Mysterium tremendum« hinweisen.
8. Unterstützung angesichts von Leiden.
9. Transzendieren der kulturellen Konditionierung.
10. Weisen auf die höchste Wahrheit hin.

## Negative Faktoren

1. Glaube an die absolute Autorität der Bücher, der Meister oder der Tradition.
2. Glaube an die Überlegenheit einer bestimmten Religion.
3. Diskriminierung von Frauen.
4. Männliche hierarchische Strukturen und Privilegien.
5. Mangel an echter Wertschätzung für die Heiligkeit des Lebens.
6. Priorität des Nationalismus vor beständigen religiösen Werten.
7. Versprechen von Utopia – entweder im Diesseits oder im Jenseits.
8. Unterwürfiger, bedingungsloser Gehorsam.
9. Unterstützung von Kriegen und des politischen Establishments.
10. Handlungen im Namen Gottes ausgeführt, die Leiden erzeugen.

## Schritte von Arroganz zu Demut

Arroganz oder eine selbstgerechte Haltung zeigt sich durch Anhaften an einem bestimmten Standpunkt und ein anschließendes
Niedermachen einer anderen Sicht derselben Situation. Je größer
die Arroganz ist, desto größer wird der Kampf zwischen den beiden, von einem Konflikt betroffenen Seiten, sich tief gegenseitig zu
verstehen. Es gibt verschiedene Bereiche zu untersuchen, wenn wir
selbst zu Arroganz neigen.

1. Können wir die Konsequenzen des Anhaftens untersuchen?

2. Können wir eine Schwäche oder Widersprüche bei unseren Argumenten sehen?

3. Können wir einen anderen Standpunkt hören und seine Stärke sehen?

4. Erfahren wir Liebe oder Mitgefühl in Zeiten intensiver Schwierigkeiten?

5. Nehmen wir innere Stärke bei Demut wahr, oder betrachten wir sie als ein Zeichen von Schwäche?

6. Erfahren wir das gemeinsam mit anderen? Oder halten wir an einer überlegenen Position fest?

# VI  Sich mit dem Leben verbinden

*Gottes einziger Befehl,*
*wenn er etwas will,*
*ist es zu sagen: »Sei!«*
*– und es ist.*
*Herrlichkeit dem, in dessen Hand*
*die Herrschaft über alle Dinge liegt*
*und zu dem ihr alle zurückkehren werdet.*
DER KORAN, SURE 36

Ich trank in meinem hiesigen Café in Totnes, Devon, eine Tasse Kaffee, als ich sah, wie zwei Menschen in einer ruhigen Ecke des Ladens innige Momente miteinander teilten. Es sah eindeutig wie der Beginn einer neuen Beziehung für beide aus, weil sie sehr eng zusammensaßen, flüsterten und einander ihre volle Aufmerksamkeit schenkten. Es war ein süßer, romantischer Moment zu beobachten.

Im Allgemeinen assoziieren wir Verbundenheit mit einem engen Kontakt, den wir zu einem vertrauten Freund haben. Spirituell ausgedrückt geht Verbundenheit sehr viel tiefer als das. Sie drückt eine tiefe Nähe aus, die Sprache nicht wirklich kommunizieren kann. Worin besteht die Verbundenheit zwischen dem Meer, einem See oder einem Fluss mit dem Wasser? Worin besteht die Verbundenheit zwischen den Bäumen und dem Wald? Worin besteht die Verbundenheit, wenn Milch mit Wasser vermischt wird?

Die konventionellen Formen der Verbundenheit, so wie sich zwei Liebende einen Kaffee teilen, können sich verändern. Vielleicht geht ihre Verbundenheit verloren, und sie werden möglicherweise entfernte Freunde oder gehen sogar getrennte Wege. Aber die Verbundenheit zwischen dem Meer und dem Wasser, zwischen den Bäumen und dem Holz bleibt unerschütterlich. Wahre spirituelle Bewusstheit drückt die Erkenntnis dieser untrennbaren Verbundenheit aus, egal was geschieht.

Dieses tiefe Gefühl der Verbundenheit mit dem Leben zu betrachten ist ein außergewöhnliches Vorhaben und greift in jeden Bereich unserer Existenz. Bei einem Konflikt verlieren wir schnell den Blick für die Verbundenheit und fallen in eine entzweiende Sicht der Welt, und unser Geist wird vom Schmerz der aktuellen Ereignisse oder vom Schmerz der Erinnerungen oder von der Angst vor der Zukunft abgelenkt.

Eine spirituelle Perspektive des Lebens untersucht die Bedeutung dieser Verbundenheit und hilft uns zu realisieren, dass alles zu allem anderen gehört und alles sich in einer außergewöhnlichen Verschmelzung auf alles andere auswirkt. Bei einer authentischen Verbundenheit mit dem Leben gibt es keine Flagge zum Wehen, keine Nationalhymne zu verkünden, kein Glaube, dass Gott auf unserer Seite steht. Denn Gott umfasst alles. Wir erniedrigen Gott, wenn wir glauben – sei es auch nur für einen Moment –, dass Gott Partei ergreife. Es gibt keine Aufteilung des Unermesslichen. Mit Gott zu sein bedeutet, sich bewusst als Teil der nichtdualen Ausdehnung von allem zu fühlen.

Selbst wenn wir nicht direkt einen nationalen oder internationalen Konflikt erleben, sind die meisten von uns viel zu sehr ständig mit sich selbst und mit dem, was wir für uns und für unsere unmittelbar liebsten Menschen wünschen, beschäftigt. Sich selbst gegenüber auf diese Weise so nachsichtig zu sein, hat einen Preis, den wir bezahlen müssen. Dies entsteht auf Kosten eines Gefühls der natürlichen Einheit mit dem Leben. Durch den Verlust davon werden unsere Gedanken und Gefühle mit

Selbst-Interesse geladen: »Ich«, »mein« und »mir« werden dann vorrangig vor allem anderen.

Zu gewissen Zeiten ist es einfacher, eine natürliche Verbundenheit mit dem Leben zu fühlen. Solche Zeiten ergeben sich zum Beispiel, wenn wir in den Bergen wandern, im Meer schwimmen oder das Wunder des Nachthimmels erleben. Das sind bedeutende und wertvolle Momente. Aber für die meisten Menschen scheinen sie nur selten vorzukommen. Wenn wir natürliche Verbundenheit mit dem Leben erfahren wollen, müssen wir unsere Werte und Prioritäten verändern: Wir müssen mehr Zeit damit verbringen, eine ruhige Verbundenheit mit den gewöhnlichsten Aufgaben – vom Zubereiten einer Tasse Tee bis zum Unkraut Jäten in einem Blumenbeet – zu erleben, als wäre es der letzte Tag unseres Lebens auf der Erde.

In einer gesunden Beziehung mit dem Leben können wir in jedem Moment mit ihm verbunden sein, ob wir im Zug sitzen und zur Arbeit fahren oder eine Tasse Kaffee trinken oder nach einem Abendessen das Geschirr abwaschen. Die Fähigkeit, uns selbst zu vergessen, unsere nachsichtige Haltung uns selbst gegenüber loszulassen, kann uns dafür öffnen, die Einheit zu erfahren. Dieses wertvolle Erleben lässt Besitz und Streben nach materiellem Gewinn ziemlich grob und oberflächlich erscheinen. Das bedeutet jedoch nicht, dass wir unsere Verantwortlichkeiten und praktischen Angelegenheiten vernachlässigen sollten. All das gehört zur Herausforderung des täglichen Lebens. Die Erkundung der Einheit, der Harmonie mit der unmittelbaren Welt verfeinert das Bewusstsein bis zu einem Grad, da wir die Momente des Lebens tief lieben.

Um uns wieder mit dem Leben zu verbinden, müssen wir die Natur der Verbundenheit untersuchen – mit uns selbst durch Gefühle und Erinnerungen, mit anderen Menschen, mit unserem Beruf, mit unseren Besitztümern, mit unseren Gefühlen, mit unseren Überzeugungen und mit unseren Meinungen. So werden wir vielleicht aufdecken, wie unsere Verbundenheit mit dem Leben behindert und blockiert wird – zum Beispiel durch Angst – und wie wir uns selbst wieder zu dem Gefühl der Einheit zurückbringen können, das natürliche Verbundenheit herbeiführt.

## Verbundenheit und Erinnerung

Verbundenheit wird von Liebe unterstützt. An schmerzhaften und unglücklichen Erinnerungen an Menschen, mit denen wir aufgewachsen sind, festzuhalten, kann unsere Verbundenheit mit ihnen zerstören. Wegen unseres Kummers wissen wir nicht, ob es sich um Angst, Bitterkeit oder dem Wunsch nach Bestrafung handelt, was uns dazu motiviert, uns von gewissen Menschen fernzuhalten, einschließlich von uns besonders Nahestehenden wie unseren Eltern. Umgekehrt kann Verbundenheit durch die Kraft der liebenden Güte erneuert werden. Dann kann Heilung geschehen und uns davon abhalten, Gefangene unserer schmerzhaften Erinnerungen zu werden, was uns sonst von anderen zurückziehen lässt.

Welche Erinnerungen können uns zu Gefangenen machen und unsere Fähigkeit, Verbundenheit zu fühlen, blockieren? Erinnerungen hängen eng mit der Zeit zusammen. Gefühle und Bilder aus der Vergangenheit berühren uns in der Gegenwart und beeinflussen unsere zukünftigen Handlungen. Wir können aus unseren Erinnerungen Positives lernen. Genauso sind wir mit Erinnerungen beladen, die unsere Tage und Nächte quälen können. In diesem Fall fühlen wir uns gefangen von Ereignissen, die in der Vergangenheit geschehen sind. Hegen wir jedoch die feste Ansicht, dass die Zeit klar umrissen aufgeteilt ist in Vergangenheit, Gegenwart und Zukunft, so kommen wir erst gar nicht auf den Gedanken, dass es keine wirkliche Vergangenheit gibt, in die wir zurückgehen und untersuchen können. Unser

Gefühl für die Zeit drängen wir der Welt auf und vergessen, dass Zeit ein mentales Konstrukt und keine absolute Realität ist.

Aus einer spirituellen Perspektive umfassen unser Wissen und unsere Erfahrungen die Totalität im Hier und Jetzt, in ihrer ganzen Erhabenheit und in ihrem Mysterium. Wenn wir Zeuge der subtilen Tiefe des Hier und Jetzt sind, können wir zur endgültigen Wahrheit erwachen, einer integren und unzerstörbaren Standfestigkeit. Diese erhabene Präsenz bleibt durch die Veränderung mit der Zeit unberührt. Sie bleibt frei von den Kategorien des Geistes, kennt weder Vergangenheit noch Zukunft, weder Beginn noch Ende, weder Geburt noch Tod.

Diesen zeitlosen Bereich können wir durch Meditation erleben, durch die unsere geistigen Aktivitäten einen Zustand von grenzenloser Stille erreichen, ohne eine Spur eines Gedankens an die Vergangenheit, die Gegenwart oder die Zukunft. Aus dieser vollkommenen Stille taucht die wahre Natur von allem auf, die frei ist von Zeichen, bestimmten Merkmalen und anderen Besonderheiten, die die Welt der Zeit und der Objekte bestimmen. Aus dieser tiefen Erfahrung entspringt Einsicht, die unsere ganze konstruierte Welt der Zeit auflöst. Wir werden auch erkennen, dass der Tod keine letzte Wirklichkeit mehr ist. Die unverwechselbaren Wellen des Ozeans des Lebens fesseln leicht unser Bewusstsein, sobald sie entstehen und vergehen, beginnen und enden. Wenn wir die Wellen beobachten, wie sie ins Sein treten und wieder verschwinden, können wir nicht die Unzerstörbarkeit des Wassers, woraus sie bestehen, bezeugen. Dieselbe Unzerstörbarkeit gilt für das Königreich Gottes, das Jesus beschrieben hat als: »Schatz im Himmel, der nie aufgebraucht wird, den keine Diebe finden und keine Motten zerstören können. Denn wo dein Schatz ist, dort geht auch dein Herz hin.« Diese Verwirklichung ist die Zuflucht aus allem Kummer, aus allen Sorgen und allem Terror.

Durch Meditation können wir die Stille finden, die uns zu unserer natürlichen Verbundenheit mit dem Leben zurückführt. Das befreit uns von der Zerstörungskraft der schmerzhaften Erinnerungen, die fest in unserem Geist bestehen und uns in der unveränderlichen Welt der Vergangenheit festhalten. Sind wir unfähig, die Ketten der Zeit zu durchbrechen, dann können wir auch nicht die negativen Verhaltensmuster auflösen.

Diese Erfahrung machte ein Mann, dessen Vater eine schreckliche Wut hatte, die ihn während seiner Kindheit oft vor Angst zittern ließ. Obwohl sein Vater seine Familie niemals physisch missbrauchte, regte er sich bis zu einer unkontrollierbaren Wut auf und schrie seine Frau und seine Kinder an. Er gab sich selbst gegenüber nie zu, dass er das größte Problem im Haushalt war. Stattdessen richtete er alle Schuld auf seine Familie, machte ihr Leben unglücklich und weigerte sich, irgendeine Kritik von jemandem anzunehmen. Als der Sohn schließlich von zu Hause auszog, vermied er jeglichen Kontakt mit seinem Vater. Jahre später erhielt er jedoch eine dringende Nachricht von seinem Vater, der ihn darum bat, ihn im örtlichen Krankenhaus zu besuchen, weil er dort mit Krebs im Sterben lag. Der Sohn weigerte sich, dorthin zu gehen.

Der Sohn besprach die Angelegenheit mit seinen Freunden und anderen Familienmitgliedern, die verschiedene Ansichten äußerten, jedoch nicht zu streng über die eine oder die andere Seite urteilen wollten. Sein sterbender Vater bat ihn noch einmal darum, ins Krankenhaus zu kommen. Und wieder weigerte er sich. Einige Wochen später verstarb der Vater. Ein Jahr danach behauptete sein Sohn, der niemals herausfand, weshalb ihn sein Vater so oft zu einem Besuch gebeten hatte, dass er nicht bedauere, von ihm fern geblieben zu sein.

Diese schmerzhafte Geschichte erinnert uns daran, wie wir sogar zu jemandem aus unserem eigenen Fleisch und Blut den

Kontakt verlieren können. Vielleicht wissen wir nicht, wie es sich anfühlt, mit einem wütenden Vater in einem Haushalt zu leben, aber die meisten von uns hätten es sich gewünscht, dass der Sohn genug Liebe in sich gefunden hätte, um der Bitte seines Vaters nachzukommen. Wir fühlen, dass der sterbende Vater vielleicht sein früheres Verhalten bedauert, er sich innerlich verändert hat und sich vor seinem Tod mit seinem Sohn versöhnen wollte. Vielleicht fühlen wir, dass dem Sohn eine Großzügigkeit des Geistes fehlte und er an schmerzhaften Erinnerungen festhielt. Es scheint, dass er gar nicht in Betracht zog, dass der Vater sich einem Herzenswandel unterzogen hatte. Jedoch sollten wir nicht zu sehr verurteilen. Immerhin hatte der Sohn keine Ahnung, weshalb ihn sein Vater an sein Bett gerufen hatte. Vielleicht wollte er nicht in den Tiefen der Vergangenheit stöbern. Wir können nur spekulieren. Im spirituellen Leben wäre es jedoch fair zu sagen, dass es ein allgemeines Prinzip ist – aber keine absolute Regel –, für Heilung und Ganzheit ein Risiko einzugehen.

## Schmerzhafte Erinnerungen untersuchen

Es ist möglich, dass Menschen schmerzhafte Erinnerungen beenden, aber es gibt keine Garantie dafür, dass der Druck von innen mit der ungelösten persönlichen Geschichte nicht zunimmt, die sich in der Gegenwart aufdrängt sowie Aufmerksamkeit und eine Lösung fordert. Es ist besser, sich mit der Vergangenheit zu befassen, als sie zu ignorieren oder zu verdrängen. Wenn du an schmerzhaften Erinnerungen leidest, dann frage dich selbst:

1. Was geschah genau? Was sind die nackten Tatsachen? Worüber muss ich mir klar werden?
2. Welches sind die häufigsten Gefühle und Gedanken bezüglich der Erinnerung?

3. Was macht sie am schwierigsten?
4. Brauche ich jemanden, der diesen Erinnerungen zuhört, dem ich vertrauen kann und der nicht darin verfangen sein wird?
5. Worüber muss ich mir klar werden, was die Vergangenheit betrifft?
6. Habe ich den Erinnerungen zu lange nachgegeben?
7. Was hat mich die Vergangenheit gelehrt?
8. Sollte ich mich heute dazu entschließen, sie hinter mir zu lassen?

## Angstfreiheit

Viele Menschen duschen morgens warm, bevor sie zur Arbeit gehen. Nach der warmen Dusche können wir durch Aufdrehen des kalten Wassers den Körper beleben. Die erste Angst des Tages kommt vielleicht in diesem Augenblick auf. Obwohl kaltes Wasser keinerlei Schaden zufügt, widersetzt sich der Geist der Erfahrung, aus Angst vor dem plötzlichen Schwall kalten Wassers auf der Haut, und wünscht sich vielleicht ein allmähliches Wechseln zum kalten oder warmen Wasser. Auf dieselbe Weise schrecken viele von uns davor zurück, den direkten Kontakt mit der Verbundenheit zu erfahren. Diese Angst kann zur Gewohnheit werden und uns davor zurückhalten, mit dem Leben vollkommen verbunden zu werden. Angst ist – kurz gesagt – die Reaktion des Geistes auf ein mögliches zukünftiges Ereignis, das auf einer vergangenen Erinnerung beruht.

Manche behaupten, dass Angst ein unerlässlicher menschlicher Instinkt sei. Aber Angst blockiert weises Handeln, beeinträchtigt unsere Fähigkeit, vorwärtszuschreiten sowie angemessen mit Situationen umzugehen und erzeugt Aktivismus statt ruhiges Abschätzen. Eine einzige schmerzhafte Situation kann sich im Geist eines Menschen festsetzen und sich langfristig auf dessen Leben auswirken, ohne Garantie auf Besserung. Wenn

Menschen angegriffen werden – entweder physisch oder mental – oder sie sich bedrängt fühlen, können sie tief berührt werden durch beständige Einschüchterung, die sie im Ungewissen lässt, was als Nächstes kommt. Wenn ein Missbrauchender ihr Leben kontrolliert, dann fühlen sich die Missbrauchten einsam und entfremdet. Sie verlieren ihr Gefühl für Verbundenheit mit denjenigen um sie herum genauso wie die Kraft zu lieben und Geistesfrieden zu erfahren. Wenn sie der Liebe als Grundlage zu handeln beraubt werden, dann wird ihr Selbstwertgefühl so weit geschwächt, dass sie sogar von nahen Freunden und ihrer Familie kaum erkannt werden. Nur durch das Kultivieren eines Klimas, das die verzweifelt Unglücklichen mit Liebe, Fürsorge und Respekt stark unterstützt, können wir ihnen dabei helfen, ihre gebrochenen Herzen zu heilen.

## Achtsamkeit praktizieren

Der Schlüssel, um Angst in allen Formen zu überwinden und Verbundenheit zu entwickeln, ist die Praxis und das Anwenden von Achtsamkeit im Alltag. Durch Achtsamkeit lernen wir viel über uns selbst, einschließlich wie sehr der Geist abschweift, sowie das Ausmaß der Angst und Sorgen, der Gedanken, Ideen und Bilder, die die unmittelbare Realität verdecken. Sobald sich unsere Achtsamkeit verstärkt, erleben wir einen tiefen inneren Frieden und eine größere Verbundenheit mit der Gegenwart durch unsere Augen, durch unsere Ohren, durch unsere Nase, durch unsere Zunge und unsere Berührung. Wir stellen fest, dass wir uns viel mehr am Leben beteiligen und so weniger von uns selbst und von anderen verlangen oder weniger das Bedürfnis nach größeren und teureren Besitztümern verspüren. Mit Achtsamkeit können wir unser Innenleben öffnen und ausdehnen.

- Wenn du am Morgen aufwachst, dann sei dir bewusst, dass alles im Licht der Achtsamkeit eine Rolle spielt.
- Wenn du dich hinsetzt, dann sei achtsam, worauf du dich setzt und wie deine Haltung ist.
- Wenn du gehst, dann achte auf jeden Schritt und darauf, wie schnell oder langsam du gehst und ob du deine Arme hin- und herschwingst oder nicht.
- Sei beim Essen achtsam auf die Nahrung und darauf, ob sie salzig, süß oder scharf ist, auf ihre Beschaffenheit und die Geschwindigkeit, mit der du isst.
- Achte beim Sprechen auf deine Worte, die du sagst, und die Gedanken, die hochkommen, während du sprichst oder zuhörst, was ein anderer sagt.

Die ungelösten emotionalen Probleme von Menschen können ihr Leben völlig durcheinanderbringen. Eine Ehefrau, die von ihrem Mann nach seinen Alkoholexzessen regelmäßig missbraucht wird, kann unerwartet panische Angst fühlen, wenn sie eine Tür zuknallen hört oder einen gewalttätigen Film im Fernsehen sieht. Wenn eine Person in einen Flugzeugabsturz oder einen ernsthaften ~unfall verwickelt wurde, dann fühlt sie vielleicht Panik, wenn sie ein Flugzeug über sich fliegen hört. Menschen, bei denen eingebrochen wurde, können jedes Mal Angst empfinden, wenn sie draußen auf der Straße plötzlich ein Geräusch hören.

Angst kann sich auch auf der kollektiven Ebene stark auswirken. Als Nation können wir mit vielen Ängsten und Sorgen angefüllt werden, wenn ein mächtiger Staat – historisch feindselig gegenüber unserer eigenen Nation – beginnt, militärische Übungen auszuführen. Als Rasse können wir ähnliche Gefühle empfinden, wenn Wissenschaftler uns vor der globalen Erwärmung und dem Schmelzen der Polkappen und dem nachfolgenden Anstieg der Meeresoberfläche warnen.

Sinn und Zweck dieser und anderer Ängste – sowohl auf der persönlichen als auch auf der kollektiven Ebene – besteht darin, dass sie uns blockieren, in der Gegenwart, im Hier und Jetzt, zu leben und so das Leben in seiner Vollständigkeit zu führen.

Sie können unser Selbstwertgefühl schwächen oder zunichtemachen oder unsere Gefühle, unsere Gedanken, unsere Sprache und Handlungen auf negative Weise verzerren. Auf die Art unterbrechen sie unsere natürliche Verbundenheit mit anderen. Spirituelle Praxis lehrt uns, angesichts persönlicher und globaler Situationen weise zu handeln.

## Verbundenheit mit anderen

Es ist begrenzt, was unsere Sinne und unser Geist über einen anderen Menschen wissen und enthüllen können. Nur selten verhält sich unser Geist wie ein leeres Fahrzeug, das die Erfahrungen eines anderen Menschen aufnimmt. Dies geht an der eigentlichen Frage vorbei, ob wir jemanden tatsächlich jemals kennen können, denn wir können die genauen Erlebnisse eines anderen nicht wissen. Obwohl wir andere nicht kennen, ist es uns dennoch möglich, tiefe Liebe und Wertschätzung für sie zu empfinden.

Wir legen den Wert von anderen dadurch fest, wie sie sich in der Welt verhalten, das heißt, wir sind darauf angewiesen, was sie tun, sagen oder schreiben. Das deckt jedoch nur den äußeren Ausdruck ihres Lebens auf, nicht mehr. Wir ziehen Schlüsse über sie aufgrund unserer begrenzten Wahrnehmung und unseres Wissens durch unsere Sinneskontakte. Im Allgemeinen können wir mit gewissen Menschen übereinstimmen. Wenn wir Menschen direkt sagen, was wir für sie fühlen, scheinen unsere Wahrnehmungen verzerrt oder ungenau zu sein. Sie können mit unserer Beurteilung vollkommen übereinstimmen oder auch nicht, oder sie stimmen mit einigen unserer Wahrnehmungen überein und sind mit anderen Punkten nicht einverstanden. Wer hat Recht? Wir müssen anerkennen, dass wir letzten Endes die Erfahrung eines Menschen nicht in absoluter Weise sehen können. Unsere Wahrnehmung von anderen und ihre Wahrnehmung von uns können mit folgenden Aussagen zusammengefasst werden:

- Ich weiß nicht, wie du eine Situation erlebst.
- Du kannst nicht wissen, wie ich eine Situation erlebe.
- Ich weiß nicht, wie du mich erlebst.
- Du kannst nicht wissen, wie ich dich erlebe.
- Ich weiß nicht, wie du dich selbst erlebst.
- Du weißt nicht, wie ich mich selbst erlebe.

Wenn wir wie durch ein Wunder in der Lage wären, einander zu kennen, könnten wir möglicherweise das Leben von jedem anderen viel besser verstehen und gegenseitige Verbundenheit erlangen. Aber so ist es nicht. Da es uns an diesem entscheidenden Wissen mangelt, versuchen wir schließlich, einander zu verstehen und uns gegenseitig einen Sinn zu verleihen. Angesichts solcher Realitäten kämpfen wir darum, miteinander auszukommen, so gut es uns möglich ist.

### Reflexion über die Verbundenheit mit anderen

Weisheit erinnert uns daran, dass ich deine Erfahrung von mir nicht kennen kann und du meine Erfahrung von dir nicht kennen kannst – ich kann sie nur untersuchen, indem ich sie dir in Worten zurückspiegle, um zu sehen, wie weit ich dich verstanden habe. Du kannst dasselbe mit mir tun. Wenn wir einander zuhören, können wir die Wunden einer schmerzhaften Beziehung heilen. Reflektiere die folgenden Gedanken in der Hoffnung, dass sie zu weisen Handlungen führen, die natürliche Verbundenheit und unvergängliche Einheit mit allem Existierenden ausdrücken:

- Lass mich darüber nachdenken, was ich mit denen, die ich kenne, gemeinsam habe.
- Lass mich darüber nachdenken, was ich mit denen, die weit entfernt leben, gemeinsam habe.
- Lass mich darüber nachdenken, was ich mit dem Rest der Welt gemeinsam habe.
- Lass mich darüber nachdenken, was wir alle gemeinsam haben, statt mich ständig mit den Unterschieden zu befassen.
- Lass mich über die Tatsache nachdenken, dass andere – genauso wie ich – nicht leiden wollen.
- Lass mich über die Tatsache nachdenken, dass andere – genauso wie ich – glücklich sein wollen.
- Lass mich über die Tatsache nachdenken, dass andere – genauso wie ich – in Frieden und Sicherheit leben wollen.

Liebe ermöglicht Verbundenheit auf einer dauerhaften Basis. Wenn wir das wahrgenommene Verhalten eines anderen nicht tolerieren können, dann wird sich das wahrscheinlich auf unser anschließendes Verhalten ihm gegenüber auswirken. Das bedeutet, dass wenn wir miteinander nicht verbunden sind, sich der Abstand zwischen uns vergrößert: Deine Erfahrung bleibt mir verborgen, und meine Erfahrung bleibt dir verborgen. So sind wir bei unseren Störungen davon abhängig sind, was wir als Reaktion auf andere sagen oder tun.

Die Mitglieder einer Nichtregierungs-Organisation in Indien waren einer boshaften Rufkampagne unterworfen. Spekulationen darüber, dass Mitglieder der Organisation in illegale Aktivitäten – wie das Drehen von pornografischen Videos und Kindesmisshandlung – verwickelt waren, wurden fast überall weitergesagt. Für keines dieser Gerüchte gab es eine Basis, aber eine unabhängige Untersuchung war erforderlich, um die Gerüchte zu widerlegen. Erst nachdem die Mitglieder der Organisation viel Kummer erfahren und eine Menge Zeit damit verschwendet hatten, wurde der Bericht abgelegt. Ein Mitglied sagte: »Wir hätten die Zeit besser damit verbracht, für die Ärmsten der Armen zu arbeiten.«

Unser Verhalten gegenüber anderen hängt viel zu oft von deren Verhalten uns gegenüber ab. Bei einem destruktiven Kreislauf verhalten sich beide Seiten ähnlich, bis die eine oder die andere Partei sich bereit erklärt, das zu beenden. Das Ausmaß des Leidens, das entstehen kann, bevor dieser Punkt erreicht ist, ist grenzenlos. Genauso gibt es keine Begrenzungen, um Liebe und Verbundenheit, die wir mit anderen – nah oder fern – teilen können, auszudrücken, einschließlich der Hingabe unseres Lebens an andere. Liebe und konstruktive Verpflichtung benötigen wahre Freiheit des Geistes. Wir sagen, dass wir uns ändern wollen, wenn sie sich ändern. Und Manche glauben sogar, dass das einzige Mittel, um diesen Zyklus zu durchbrechen, darin bestehe, den anderen zu zerstören. Auf einer globalen Ebene könnte dies weitergehen, bis jeder jeden anderen ausgerottet hat. »Wir werden solange fortfahren, bis ihr aufhört«, ist gnadenlos rational.

### Verbundenheit mit der materiellen Welt

Besitz kann eine verzerrte Art werden, um Verbundenheit mit der Welt zu finden. Wir fühlen, dass, wenn wir etwas besitzen – wie ein Haus oder ein Luxusgegenstand –, wir dann damit verbunden werden. Diese Haltung drückt geistige Verwirrung aus. An der Idee von Besitz zu hängen, hält Entfremdung aufrecht: Während wir unseren Gefühlen für unsere Besitztümer nachgeben, entfremden wir uns immer mehr von allem anderen. Einer der kraftvollsten Kommentare über die Kultur von Besitztum stammt von einer Prophezeiung der Cree-Indianer:

*Erst wenn der letzte Baum gefällt sein wird,*
*erst wenn der letzte Fluss vergiftet sein wird,*
*erst wenn der letzte Fisch gefangen sein wird,*
*erst dann werdet ihr entdecken,*
*dass Geld nicht gegessen werden kann.*

Wenn wir unsere Beziehung zu unseren Besitztümern oder unser Verlangen danach vernünftig betrachten und ins richtige Verhältnis setzen, können wir eine größere Verbundenheit mit allen Aspekten des Lebens – einschließlich unserer Brüder und Schwestern überall auf der Erde – entwickeln.

Ich erinnere mich daran, dass ich als Junge einmal einen etwa gleichaltrigen Schulfreund besucht habe. Sobald ich eingetreten war, wurde mir bewusst, wie tadellos sauber und gepflegt es dort war. Wir durften nicht durch die vordere Haustür eintreten, sondern nur durch die Hintertür. Es lag nichts herum. Die Mutter meines Freundes beobachtete uns beim Spielen wie ein Habicht, was eine sehr unnatürliche Atmosphäre verbreitete. Ich blieb nicht lange und war glücklich, wieder zu gehen.

Unsere Besessenheit von und unser Anhaften an Dingen und am Aussehen zerstören unser Gefühl dafür, uns mit unserer Umgebung wohlzufühlen. Eine gesunde Haltung wird sowohl Ordentlichkeit als auch Unordentlichkeit, sowohl Ordnung als auch Unordnung zulassen und ebenso, das Geschirr am nächsten Tag abzuwaschen statt sofort. Mein Freund und seine Mutter schienen Gefangene in ihrem eigenen Zuhause zu sein.

Es ist sehr einfach, die Identifikation mit materiellen Dingen mit der Verbundenheit mit ihnen zu verwechseln. Manchmal müssen wir uns selbst daran erinnern, dass wirkliche Verbundenheit bedeutet, dass alles auf alles in einer Dimension der Ganzheit einwirkt. Das Ego kann sich schnell durch seinen Glauben an Besitz und Eigentum statt an Verbindung und Verbundenheit mit materiellen Gütern identifizieren. Ein älterer Großvater hat – seit er Teenager war – viele Stunden dem Sammeln von Briefmarken aus der ganzen Welt gewidmet. Er war ein Experte im Briefmarkensammeln geworden. Eines Tages entschloss er sich dazu, dass es an der Zeit sei, einige seiner Alben an seinen Enkel – auch ein begeisterter Briefmarkensammler – zu übergeben. Nach einigen Monaten jedoch begann der Großvater seine Alben zu vermissen, schließlich so sehr, dass seine Frau ihren Enkel um die Rückgabe bitten musste. Das machte den Enkel wochenlang depressiv. Er fühlte, dass ihm sein Großvater mit seinen Alben nicht vertraute.

Das Klammern des Großvaters an seiner Sammlung und die Angst vor Verlust zerstörten den Geist der Offenheit, das Gefühl des Miteinanderverbundenseins (von ihm mit seinem Enkel) und ein ausgedehntes Bewusstsein, was die Kennzeichen für authentische Verbundenheit sind. Das Ego des Großvaters wollte seine Briefmarkensammlung weiterhin kontrollieren. Als Resultat wurde sein Klammern ein starrer Ersatz für eine leidenschaftliche aber fließende Beziehung zu seinen Briefmarken. Er fühlte Panik, als er seine Briefmarkensammlung verloren glaubte.

## Befragen unseres Besitzes

Wir geraten in Gefahr, unsere Verbundenheit mit dem Leben zu verlieren, wenn wir von Wohlstand besessen sind. Um unseren Geld- und Besitztick aufzubrechen, müssen wir bereit sein, den Griff der Konsumkultur zu lockern, die in unserer Gesellschaft weit verbreitet ist. Sonst leben wir als Sklaven der materiellen Welt. Denke über die folgenden Fragen nach und verwende sie als Fokus für deine Beziehung zu Eigentum und Gütern.

1. Definiere ich mich selbst durch meinen Besitz – zum Beispiel mein Haus oder mein Auto?
2. Wie würde ich meine Energie verwenden und Zeit verbringen, wenn ich kein Interesse an Konsumgütern hätte?
3. Was würde ich tun, wenn ich nur noch ein Jahr zu leben hätte – würde ich mich auf das Sammeln von materiellem Wohlstand konzentrieren?
4. Was ist in meinem Leben wichtiger als Konsument zu sein? Wie zeigt sich das?
5. Wie würde ich mich fühlen, wenn ein wertvoller, materieller Gegenstand von mir beschädigt würde?
6. Welche Dinge würde ich als Erstes zu retten versuchen, wenn mein Haus abbrennen würde?

## Verbundenheit mit unserem Innenleben

Wenn unserem Leben eine Vision oder Richtung fehlt, wollen wir nach Situationen greifen, die uns ein Gefühl der Wichtigkeit von uns selbst geben. Wir oder Politiker, die in unserem Interesse handeln, können sich auf einen Konflikt stürzen, um ein Gefühl der Macht zu vermitteln. Wenn wir uns selbst an aggressiven Handlungen beteiligt haben, wissen wir dann nicht mehr, wie wir sie beenden können. Wir und unsere Gegner greifen uns gegenseitig an, was zu einer gefährlichen Spirale wird. Um diese Situation aufrecht zu erhalten, verleugnen beide Seiten die Weite und Tiefe des Schadens, den sie zufügen. Solange wir keine wirklich voll bewusste menschliche Wesen sind, bereit sich selbst zu untersuchen, werden wir keine Lösungen für die großen Probleme zwischen uns finden. Stattdessen werden wir genauso fortfahren wie bisher. So haben wir einen moralischen dringenden Wunsch zur Selbst-Kritik, in unsere Seelen zu schauen und nicht einfach andere zu kritisieren.

Gewissensprüfung zeigt eine Bereitschaft, nach innen zu schauen, egal wie unbequem die Erfahrung ist. Es ist nicht eine Frage, uns selbst die Schuld zu geben oder Schuldgefühle und Qualen für vergangene Taten zu wecken. Aber es bedeutet die Bereitschaft, unser Herz für die Angelegenheiten anderer oder ihre Vorwürfe zu öffnen, sodass wir uns verpflichten, wiedergutzumachen und Verständnis zwischen ihnen und uns zu entwickeln. Dann werden wir Einfühlsamkeit und Zurückhaltung hinsichtlich der Ereignisse in der Zukunft zeigen.

Der Prozess der Gewissensprüfung beginnt beim Einzelnen. Ich erhielt eine Reihe E-Mails von einer nahen Freundin, einer außergewöhnlichen Europäerin Mitte dreißig, die durch eine tiefe spirituelle Krise ging. Als sie ihre Richtung im Leben verlor, beendete sie eine tiefe Liebesbeziehung mit ihrem Partner und verlor das Interesse an ihrer Vision, Mutter Erde zu dienen. Sie schrieb in ihren E-Mails: »Mein Leben geht vorüber. Ich fühle, dass ich so viel Zeit vergeudet habe.« Am Telefon erzählte sie mir auch, dass es für ihre Freunde schwierig sei, ihrer Krise einen Sinn zu verleihen. Immerhin liebte sie ihren Job; sie besaß eine Wohnung mit einer mäßigen Hypothek; sie sah von Natur aus gut aus, hatte viele Freunde und gute Beziehungen zu ihrer Familie. Worum machte sie sich so sehr Sorgen?

Es gibt keine unmittelbaren Antworten in solchen Zeiten des persönlichen existenziellen Terrors. Das dann kraftlose Selbst kann wenig tun, außer mit der ungewissen Reise des Innenlebens mitzugehen. Ich sagte ihr, dass eine plötzliche Einsicht oder eine tiefe Erfahrung oder ein Gespräch sie hoffentlich befähigen würde, ihren Geist zu beruhigen. Sie muss geduldig sein und sich ihre Krise natürlich auflösen lassen und ebenso der Weisheit einer anderen Person zuhören, die ihre Krise versteht.

Aus ihren späteren E-Mails ging hervor, dass es kein Nachlassen des Kampfes zu geben schien, der sich tagein tagaus mit existenziellen Fragen beschäftigte, ob das Leben irgendeine Bedeutung, Richtung oder Zweck hat. Sie verlor an Gewicht und mochte ihre eigene Gesellschaft nicht. Sie hatte das Bedürfnis, den bedrückenden Zwang ihres Lebens aufzubrechen, und sagte, dass, wenn sie anfing loszulassen, sie Aufregung fühle, »den Schmerz, die Sorge, die Liebe und das Wunder«. Manchmal sagte sie, dass sie sehr nahe daran war, ihren Prozess zu verstehen, aber dann kämen Zweifel auf. Ihre schmerzhafte, verwandelnde Erfahrung erinnerte mich an eine berühmte Darlegung in der buddhistischen Tradition, die heute genauso relevant ist, wie sie je war:

*Großer Zweifel: großes Erwachen.*
*Kleiner Zweifel: kleines Erwachen.*
*Kein Zweifel: kein Erwachen.*

Diese Worte erinnern diejenigen, die darum kämpfen, ihrem Leben einen Sinn zu verleihen, daran, dass sie nicht allein sind. Andere – in der Vergangenheit und in der Gegenwart – waren bereit, diese Reise ins Unbekannte anzutreten, ohne jede Sicherheit, dass solch eine Krise irgendwohin führen wird. Zu ihrer Ehre sei gesagt, dass die Frau bereit war, sich selbst den Kräften ihrer Innenwelt auszusetzen, während sie mit der unverständlichen Natur des Lebens verbunden blieb. Wer sich mit Karriere, Ordnung und dem sogenannten »guten Leben« zufriedengibt, wird niemals eine solche Reise antreten.

Gewissensprüfung ist ein Prozess, der die Vergangenheit heilt und Kräfte der Freundlichkeit und der Weisheit in Zukunft zeigt. Es spielt keine Rolle, ob der Prozess durch ein Ge-spräch mit einem Freund, durch eine bestimmte Religion oder mit den Fertigkeiten eines Beraters erleichtert wird. Das Wich-tige dabei ist die Transformation. Eine bedeutende Katastrophe verschafft uns die Gelegenheit, unsere eigene Beziehung zu un-serem Glauben, zu unseren Gefühlen und Meinungen zu un-tersuchen und dient auch als Metapher für andere Situationen, in denen ein Konflikt und eine scheinbar unlösbare Haltung bestehen. Von einem spirituellen Standpunkt aus gesehen gibt es gewisse Fragen, die angegangen werden sollten, wenn wir die Muster, wie wir Ereignisse sehen, durchbrechen wollen. Diese beinhalten:

### 1. Lebe ich in Angst und Misstrauen?

Falls ja, was bin bereit zu tun, um Veränderung herbeizufüh-ren? Unser Geisteszustand ist ein kritischer Faktor bei der Art, wie wir auf Ereignisse reagieren. Wir ignorieren die Tatsache, dass unsere Erfahrungen subjektiv sind, und täuschen uns selbst, indem wir denken, dass wir die objektive Realität ken-nen. Bei jeder bedeutenden Untersuchung eines Konflikts – ob im Allgemeinen oder im häuslichen Ausmaß – müssen wir zu-geben, dass unsere Gefühle, Gedanken und Wahrnehmungen zur ganzen Sicht beitragen. Die Haltung des Kommentators be-einflusst ganz sicher den Kommentar: Der Beobachter gibt dem Beobachteten Substanz. Ein Gespräch sollte eingeleitet werden mit: »Ich glaube, dass sie … sind«, statt einfach: »Sie sind …« Wir sollten für alle Möglichkeiten offen bleiben. Sind wir un-flexibel, dann ignorieren wir die Veränderung unseres Herzens oder die angemessene Reaktion der anderen Seite, denn es wür-de für uns bedeuten, dass wir unsere Haltung oder Strategie verändern.

## 2. Empfinde ich Einfühlungsvermögen für die Leidenden?

Gefühle der Empathie spielen eine große Rolle. Es bedeutet wenig zu sagen: »Ja, ich fühle mit der Not anderer«, wenn unsere unterschwellige Haltung uns auf dieselbe alte Art fortfahren lässt. Empathie und Mitgefühl bedeuten Solidarität mit der Not anderer. Diese Reaktion bewegt unser Herz in Richtung Versöhnung und Bemühung, um die Kräfte, die anderen Leiden zufügen, zu überwinden. Wir können uns dazu entschließen, allen Leidenden gegenüber liebende Güte zu entwickeln und aus der Falle einer Haltung, die »dafür oder dagegen« ist, zu entkommen und eine andere Vorstellung von Sieg und Niederlage anzunehmen. Dieser Entschluss zeigt den Weg zur nichtdualen Verwirklichung.

## 3. Kann ich bei einer Auseinandersetzung fair sein?

Bei einem Streit gibt es vier grundlegende Haltungen, die ich einnehmen kann. Diese sind:

1. beide Seiten kritisieren;
2. beide Seiten ignorieren;
3. eine Seite gegen die andere unterstützen;
4. beide Seiten unterstützen.

Unsere Gefühle und Tendenzen beeinflussen, welche dieser vier Haltungen wir einnehmen. Manchmal müssen wir unsere Kritikfähigkeit geschickt verwenden und uns wagen auszudrücken, was unserer Meinung nach Untersuchung verdient. Unser Herz kann oft für die eine oder die andere Seite mehr Sympathie empfinden, aber diese Vorliebe sagt mehr über unsere Gefühle aus als über äußere Tatsachen. Es ist gewöhnlich einfacher, sich an einer Polemik gegen eine Seite zu beteiligen – die Herausforderung besteht darin, neutral die verschiedenen Bedingungen, die jeder Seite Leiden gebracht hat, genau festzustellen. Unparteiische Wahrnehmungen beeindrucken mit ihrer ausgewogenen Bewusstheit und mit dem tiefen Verständnis des Leidens und wie es zu lösen ist.

Bei gewalttätigen Konflikten reagieren wir unmittelbar auf das Töten und die Vergeltung entweder mit Verdammung oder mit Unterstützung, basierend auf unserer Ansicht von richtig und falsch. Das ständige Verurteilen von anderen weitet die Trennung sogar noch weiter aus. Wir wissen tief in uns, dass Dinge nicht so sein sollten. Tief gehende Untersuchung macht es klar, dass Parteiergreifen und das ständige Verlangen nach Sieg eine neurotische Abhängigkeit des Selbst und seiner Überzeugungen zeigt. Zu wissen, dass es möglich ist, diese psychologischen Wände einzureißen, erschafft eine Kraft, die sich der konventionellen Welt mit ihrem Klammern an Macht und an dem Wunsch nach Kontrolle der Resultate widersetzt.

## 4. Glaube ich, dass das Ende die Mittel rechtfertigt?

Wir müssen sicher sein, dass wir die Mittel und das Ende unparteiisch untersuchen. Wir setzen auf ein bestimmtes wünschenswertes Ziel, das an einem gewissen Punkt in der Zukunft erreichbar erscheint. Nachdem wir eine bestimmte Richtung eingeschlagen haben, fühlen wir, wie sich Schwung aufbaut. Mit der Zeit werden die Mittel oft ein Lebensstil, während das Ende weit entfernt bleibt – ein Traum. An diesem Punkt glauben wir, dass wir die Mittel rechtfertigen müssen wegen der Zeit, der Energie und der Ressourcen, die wir ihnen gewidmet haben.

Anfänglich sind wir vielleicht davon überzeugt, dass eine enge Verbindung zwischen bestimmten Mitteln und einem Ende besteht, und wir können allzu leicht diese Überzeugung aufrechterhalten trotz der Tatsache, dass es für Außenseiter offensichtlich wird, dass es zwischen beiden nur wenig Verbindung gibt. Deshalb müssen wir unsere Haltung gegenüber den Mitteln und dem Ende sorgfältig untersuchen. Wenn wir glauben, dass wir beträchtlichen Nutzen aus den Mitteln erlangen, sollten wir es als ein Warnsignal anerkennen und unsere Motive erforschen. Wenn wir merken, dass die Mittel sich selbst dienen und wahrscheinlich nicht das beabsichtigte Ziel erlangen, sollten wir den Mut aufbringen, den Prozess zu verändern oder anzuhalten.

## Meditation darüber, andere so zu behandeln, wie wir selbst behandelt werden wollen

Um andere so zu behandeln, wie wir selbst behandelt werden wollen, müssen wir diese spirituelle Ethik auf alle ohne Ausnahme anwenden. Wenn wir weder Wut, Hass noch den Wunsch nach Vergeltung in uns tragen, dann haben wir erkannt, was Einheit auf der tiefsten Stufe bedeutet. Die Worte der folgenden Meditation können leise gelesen oder laut gesprochen werden. Sie sollen ein Gefühl dafür herbeiführen, dass wir alle gemeinsam diese Erde teilen.

- Lass mich damit aufhören, die Unterschiede zwischen anderen und mir selbst wahrzunehmen. Sodass ich weder meine Haltung begrüße, noch den Standpunkt von anderen verdamme. Denn sie haben dies so lange getan und ich ebenso.
- Ich weiß nicht, wer damit begann, diese Unterschiede so zu betonen. Vielleicht waren sie es, und nun beginne ich, dasselbe zu tun. Vielleicht war ich es, und nun beginnen sie, dasselbe zu tun. Vielleicht begannen wir gemeinsam und wussten nicht, ob der Same oder die Frucht zuerst kam.
- Lass mich die Unterschiede vergessen, sodass ich sie überwinden und bei den Gemeinsamkeiten verweilen kann. Ich wurde

geboren, ich altere, ich erlebe Leiden, ich sterbe. Für sie gilt dasselbe.

- Es gibt Menschen in meinem Leben, die ich liebe. Und Menschen, die schwierig sind, manchmal extrem. Es gibt Menschen, die zuhören werden, und andere, die sich widersetzen. Ich weiß, dass es für sie dasselbe ist, wer und wo auch immer sie sind.

- Ich möchte mit Respekt behandelt, verstanden und gehört werden. Möge ich andere so behandeln, wie ich behandelt werden möchte. Denn dann können wir weitergehen. Zusammen.

# VII Autorität und Machtmissbrauch

*Im Namen Gottes,*
*des Mitfühlenden und des Barmherzigen,*
*des Herrschers über den Tag des Gerichts.*
*Dir allein dienen wir,*
*und dich allein bitten wir um Hilfe.*
EXORDIUM AUS DEM KORAN

Die Welt ist klein, und es ist allzu leicht, sich zahlloser Beispiele von Machtmissbrauch bewusst zu werden. Regierungen, religiöse Autoritäten, gewalttätige politische Gruppen und mächtige Organisationen drängen ihren Willen gewöhnlichen Menschen auf, die darum kämpfen, die Ausbeutung ihres Lebens und ihrer Umgebung zu beenden. Es ist schwer, sich gegenüber diesen verschiedenen Kräften zu behaupten, die manchmal so beeindruckend erscheinen. Spirituelle Achtsamkeit bittet jedoch darum, in diese großen Arenen des Lebens eine moralische Komponente zu bringen. Wir müssen all unsere Kraft und Unabhängigkeit verwenden, um die Art zu untersuchen, wie der autoritäre Schatten auf uns fällt. Genauso wie wenn wir versuchen würden, die Handlinien sehr nahe an unserem Gesicht zu sehen, kann es schwierig sein, die Zumutung der fragwürdigen Autorität auf dein Leben Zuhause zu sehen. Du musst die Hand etwas entfernt halten, um ihre Linien richtig sehen zu können.

Die verschiedenen Arten, wie Autoritäten unser Leben beeinflussen, sind nicht immer leicht auszumachen. Wenn wir jedoch fühlen, dass unsere Regierung die öffentliche Meinung manipuliert, um ihre Version der Realität zu unterstützen, was wäre dann eine angemessene Reaktion von uns darauf? Wenn wir den Machtmissbrauch fühlen, dann können wir entweder die Autorität der Regierung herausfordern oder passiv bleiben.

Wenn wir uns jedoch dazu entschließen, keine armen, unterdrückten Kreaturen zu sein, die den Autoritäten gegenüber ein Lippenbekenntnis ablegen, dann haben wir das Potenzial auszudrücken, was in der spirituellen Tradition des Ostens als der »ursprüngliche Geist« bezeichnet wird. Statt blind zu wiederholen, was wir glauben sollen, erfahren und erkennen wir unsere Zweifel an, selbst wenn es unbequem sein sollte.

Auf die Art kultivieren wir den ursprünglichen Geist, und unsere moralische Autorität zeigt sich dann in unserer Fähigkeit, für uns selbst zu denken, anstatt als gehorsame Kinder zu handeln, die sich ihren mächtigen Eltern beugen.

Während unsere politischen Führer uns selektive Informationen zukommen lassen, um eine bestimmte Position zu vermitteln, ist der ursprüngliche Geist fähig, eine tiefe Verbundenheit mit dem, was hinter den Slogans, Marken und Bildern steht, zu realisieren. Und er fühlt eine tiefe Liebe für all die Leidenden und für das Bedürfnis zu konstruktivem Engagement, um die großen Probleme zu lösen. Um diese spirituell ausgerichtete Haltung bemühen sich – nicht überraschenderweise – nicht die meisten Staatsoberhäupter in ihren Angelegenheiten, um mit ihrer politischen Rhetorik die Bürger für sich zu gewinnen.

Jedoch gibt es einen Ort für weise Autorität in unserem Leben. Wir müssen uns ihre Merkmale klar machen, sodass wir sie von einer Form des Machtmissbrauchs, die von Machthunger getrieben wird, unterscheiden können. Wahre Autorität drückt eine weise und mitfühlende Haltung gegenüber den menschlichen Problemen aus. Sie zeigt eine wirkliche, nachhaltige und einigende Sicht und versteht die tieferen Standpunkte derjenigen, die mit Gewalt ihre Meinungsverschiedenheit kundtun. Wahre Autorität ist bereit für einen konstruktiven Umgang mit Feinden und spricht offen über vergangene und gegenwärtige Missverständnisse, Ausbeutung und Leiden. Und sie bringt weise und reife Reaktionen statt Vergeltung anderen gegenüber zum Vorschein. Erkennen wir diese Qualitäten bei einer Autorität, so können wir ihnen vertrauen. Weise Führerschaft hat die innere Kraft, vergangene Fehler bezüglich Politik und Wahrnehmung zuzugeben und auch die Geschichte bestimmt nicht wiederholen zu wollen. Spirituell ausgedrückt bedeutet das, das alte »Karma« zu beenden und Ursachen und Bedingungen für Heilung und Ganzheit zu erschaffen.

Um unserem Leben einen moralischen Wert zu verleihen, müssen wir Autorität und ihren Missbrauch verstehen und die Arten untersuchen, wie sie sich selbst manifestiert, besonders in den entscheidenden Bereichen der Religion, des Krieges und der Politik. Und ebenso müssen wir verstehen, wie Missbrauch bei uns auf einer persönlichen Ebene funktioniert. Durch das Entwickeln unserer Bewusstheit können wir auf beleidigende Autoritäten aus einer spirituellen Perspektive heraus effektiv reagieren.

## Ungerechtigkeit im Namen der Religion

In der Geschichte der Menschheit gab es zahllose Kriege und andere Konflikte, und es ist eine traurige Wahrheit, dass manche von ihnen unter dem Banner von Gott und der Religion ausgetragen wurden. Für einen unparteiischen Beobachter scheint es, als würden die Offenbarungen von Gott Massaker und despotische Kriege enthalten. Heutzutage verteidigen Führer der großen Religionen den sogenannten »gerechten Krieg« und versichern, dass es keine Sünde sei, Bomben zu werfen, zu schießen oder Feinde anzugreifen. Priester, Mullahs und Rabbis erzählen den Kämpfern und den Soldaten, dass ihre Feinde im Krieg zu töten – einschließlich Politiker, Soldaten und Zivilisten – etwas anderes als Mord sei. Wenn die Gläubigen die Autorität ihrer religiösen Führer akzeptiert haben, dann fühlen sie sich sicher, dass ihre Seele in den Himmel kommt, wenn sie für ihren Zweck sterben.

Den meisten – wenn nicht allen – Religionen und Kulturen in der Geschichte ist der Glaube gemeinsam, dass es der Wille Gottes sei, in den Krieg zu ziehen. Und es ist leicht zu sehen, dass die gegenwärtigen Konflikte und das heutige Leiden Parallelen mit den vergangenen haben. Es heißt, dass wir dazu verdammt sind, die Geschichte zu wiederholen, wenn wir nicht aus ihr lernen. Beim Studium der Geschichte können wir sehen, wie Kriege auf ähnliche Weise entstehen können. Zum Beispiel brodelten in Jerusalem seit Hunderten von Generationen immer wieder Konflikte auf, bei denen verschiedene Menschen die Kontrolle über die Stadt beanspruchten oder einen Gegenanspruch erhoben. Heute scheint es dort wegen der Streitlust und der Forderungen der entgegengesetzten Seiten wenig Hoffnung auf Versöhnung zu geben.

Tatsächlich fragen wir uns, ob Menschen in dieser Gegend (oder in jüngster Zeit in der internationalen Gemeinschaft) irgendeinen Fortschritt dabei gemacht haben, diese religiösen und politischen Auseinandersetzungen zu lösen, die seit dem Mittelalter und noch aus früherer Zeit bestehen. Die Hauptführer in Europa haben seit dem 11. Jahrhundert nach Christus die Wikinger nicht mehr als Bedrohung für ihre Sicherheit betrachtet, sondern angefangen, die Moslems als neue Kraft, vor der man sich fürchten müsse, zu sehen. Diese Wahrnehmung trug zu den Kreuzzügen bei, die etwa 200 Jahre andauerten. Um die christlichen Soldaten und Ritter zu ermutigen, diese militärischen Expeditionen ins Heilige Land gegen die Moslems zu unternehmen, versprach ihnen die Kirche die Erlassung ihrer Sünden. Auch wenn sie im Kampf sterben würden, würden sie mit der Märtyrerkrone belohnt werden und direkt in den Himmel eingehen. So wurden die christlichen Armeen, die sich in das Heilige Land begaben, von den religiösen Autoritäten und der Aussicht auf göttlichen Lohn unterstützt, ebenso wie es bei den moslemischen Selbstmordattentätern heute der Fall ist. Jedoch Gott als Ausrede zu benutzen, um Feinde zu töten, kann von keiner Religion gerechtfertigt werden. Gott verlangt Liebe, Mitgefühl und Gerechtigkeit von uns und kein Gemetzel.

Religiöse Autorität wird von hierarchischen Strukturen gestützt. Eine entscheidende Unterstützung bekommt sie auch von heiligen Texten, die im Judentum, Christentum und im Islam einen besonders bedeutenden Platz einnehmen. Weil Juden und Christen »Menschen des Buches« waren, wurden diejenigen, die in einem islamischen Land lebten, von Moslems mit gewissem Respekt und Toleranz behandelt, was umgekehrt Moslems in den europäischen Ländern nicht erfahren.

Heilige Texte – wie der Koran oder die Bibel – waren eine außerordentliche Quelle für Inspiration. Für viele tief religiöse Menschen ist es jedoch leicht, den großen Verdienst ihrer eigenen Schriften zu sehen, und schwer, die Gültigkeit der Schriften anderer Religionen anzuerkennen. Genauso wie bei anderen Formen der Autorität müssen wir bei den heiligen Texten kritisches Urteilsvermögen anwenden und uns auf die Stellen konzentrieren, die tiefe Werte wie Liebe und Mitgefühl zeigen und die auf die Präsenz von Gott oder die Wahrheit inmitten der Dinge hinweisen.

Sind wir nämlich nicht vorsichtig, so können wir bei der Lektüre eines heiligen Buches leicht selektiv sein. Zum Beispiel hat die erste Ausgabe nach dem 11. September 2001 einer angesehenen New Yorker buddhistischen Zeitschrift buddhistische Antworten auf den Konflikt veröffentlicht. Ein prominenter buddhistischer Autor wählte einige Stellen aus dem Koran aus, die er als »ernüchternde Erfahrung« beschrieb. Er sagte, dass »der Text zurückkehre zur teilenden und kriegerischen Sprache des ›uns‹ gegen ›sie‹«, und bezog sich auf die »implizite Aufhetzung zu Gewalt« in diesem Buch. In der darauf folgenden Ausgabe derselben Zeitschrift beschrieb ein Dozent für die arabische Sprache an der New Yorker Universität – aus meiner Sicht zurecht –, dass sich der buddhistische Autor an einer »sehr selektiven Lektüre« des Korans beteilige und so der »Komplexität und dem Reichtum seiner Botschaft nicht gerecht werde«.

Genauso einfach wäre es, Stellen der Bibel zu entnehmen und sie als »ernüchternde Erfahrung« zu bezeichnen, zum Beispiel die göttliche Zerstörung von Sodom und Gomorrha oder das Töten der erstgeborenen Söhne von Ägypten vor dem Auszug der Israelis. Wir empfinden ähnliche Sorge über scheinbar aufrührerische Darlegungen in dem heiligen Buch der Hindus, der Bhagavad Gita, als Krishna, der inkarnierte Gott, Arjuna dazu ermutigt, seine Feinde auf dem Schlachtfeld zu töten, und Krishna behauptet, dass diejenigen, die sterben, wiedergeboren werden. Würden wir jedoch die Bibel, die Bhagavad Gita und den Koran aufgrund der schwierigen Stellen ablehnen, so würden wir die Komplexität und den Reichtum der tiefen spirituellen Lehren in ihnen vermissen.

Wir dürfen nicht vergessen, dass Worte auf Papier keine eigene Bedeutung haben. Ihnen fehlt die Kraft, Männer und Frauen zu zwingen, sich auf eine bestimmte Art zu verhalten. Wir schreiben einem bestimmten Buch Autorität zu, die es jedoch

offenkundig nicht hat. Der Koran und andere heilige Texte erinnern uns daran, alles Gottes Hand zu überlassen. Wir müssen
Stellen daraus lesen, die die Bedeutung von Liebe, Mitgefühl
und Gerechtigkeit betonen. Unsere Welt wäre ärmer ohne die
heilige Literatur, trotz der Anomalien, die unsere weltliche Kultur mit den angesehenen Stellen von Weisheit und Liebe infrage
stellt.

## Sich religiöser Autorität bewusst werden

Wie sehr ist es uns bewusst, bis zu welchem Grad religiöse Autoritä-
ten in unserem Leben eine Rolle gespielt haben oder noch spielen?
Fühlen wir uns wohl mit ihnen? Trauen wir uns, sie infrage zu stellen?
Die folgenden Fragen sollen uns dabei helfen, unsere Beziehung zu
Gott, zur Religion und zu den heiligen Schriften zu untersuchen.

- Wurden wir so erzogen, an Gott und die heiligen Schriften als
  die höchste Autorität zu glauben?
- Werden unsere Handlungen von einer religiösen Autorität beeinflusst und – falls ja – auf welche Weise?
- Wie reagieren wir auf diejenigen, deren religiöse Autorität sich
  von der unseren unterscheidet?
- Was geschieht mit unserem Geisteszustand, wenn wir ein heili-
  ges Buch lesen? Können wir erkennen, dass der Geist nur Worte
  auf Papier aufnimmt und diese zurückweist oder real werden
  lässt?
- Glauben wir, dass wir alle zu Gott oder zur Weite des Lebens
  gehören?
- Können wir uns vorstellen, dass Gott bei einem Konflikt die eine
  Seite der anderen bevorzugt?
- Waren wir jemals Zeuge davon, wie Menschen andere im Namen Gottes bedroht haben? Wie haben wir darauf reagiert?

## Der Schrecken des Krieges

Neben anderen heiklen Themen im Hinblick auf Krieg gibt es viele religiöse Menschen, die infrage stellen, dass diejenigen, die für einen »gerechten Krieg« sterben, in den Himmel kommen. In der buddhistischen Tradition gibt es die Geschichte eines Berufssoldaten, der sich einer intensiven Gewissensprüfung unterzog. Da ihm das Töten und Verwunden anderer auf dem Schlachtfeld tiefe Sorgen bereitete, wollte er mit dem Buddha sprechen. Er vertraute ihm an, dass ihm seine religiösen Führer erzählten, dass er in den Himmel käme, wenn er in einer Schlacht sterben würde. Jedoch zweifelte er ihre Autorität an.

»Was sagst du dazu?«, fragte er den Buddha. Der Buddha schien nur zögerlich seine Frage zu beantworten. Der Soldat musste gefühlt haben, dass das, was der Buddha ihm sagen würde, für ihn schmerzhaft war. Dennoch bestand er darauf, dass der Buddha spreche, und stellte ihm dreimal dieselbe Frage.

Der Buddha schaute ihn direkt an und sagte, dass diejenigen, die sich um Krieg bemühen, bereits einen Geist hätten, der »niedrig, verworfen und fehlgeleitet« sei. Dann ergänzte er, dass diejenigen, die Menschen abschlachten, den Weg zum Himmel vollkommen missverstehen. »Auf das Sterben in einer Schlacht folgt für einen Soldaten die Hölle«, fügte der Buddha hinzu. Der Soldat brach in Tränen aus. Der Buddha sagte, dass er wusste, wie überaus erschreckend das für ihn sei, weshalb er zögerte, irgendetwas zu sagen.

»Ich weine nicht darüber, was du gesagt hast«, erwiderte der Soldat, »sondern, weil ich so lange von den anderen Soldaten und den religiösen Führern getäuscht wurde, die mir sagten, dass ich in den Himmel käme, wenn ich beim Kämpfen sterben würde.« Der Buddha legte nachdrücklich dar, dass der Umgang mit Waffen völlig unvereinbar mit dem spirituellen Leben sei.

Aus einer spirituellen Perspektive kann Krieg – dem Buddha zufolge – nicht gerecht sein. Immer wenn wir Entscheidungen unterstützen, die anderen Menschen Leid zufügen, berauben wir sie ihrer wesentlichen Werte als menschliche Wesen. Unsere Haltung sagt uns nicht nur etwas über die ungelösten Kräfte in uns, die stillschweigend über nackte Aggression hinwegsehen, sondern zeigt auch einen Mangel an Vertrauen im Dialog, diesem besonderen Merkmal unserer Spezies, das Terror durch Sprache auflösen kann. Ein Dialog – der geschickte Umgang mit Worten – stellt eine wirkliche Begegnung mit anderen dar. Denn Sprache will anderen begegnen, statt sie zu zerstören. Die Fähigkeit, anderen gegenüber unsere Gefühle und Gedanken zu beschreiben, bahnt den Weg zur Auflösung von Schwierigkeiten. Wir können diskutieren und Übereinkünfte leugnen, und durch unsere Weigerung, anderen zuzuhören und sie zu unterstützen, säen wir die Samen für Gewalt – eine Gewalt, die Unschuldige treffen kann.

Ob diese Gewaltakte aus persönlicher Wut oder unter dem Befehl von anderen entstehen, so bleiben ihre Folgen dieselben. Ebenso wie das Leid, das sie zufügen, zählen die Faktoren, die dazu geführt haben. Wir führen Krieg, um anderen unsere Version der Wahrheit rücksichtslos aufzudrängen, als hätten sie kein Recht, unsere Sicht der Realität zu bestreiten. Beide Seiten verweisen auf die andere Seite als böse, und sie glauben, dass sie selbst auf der Seite des Guten seien. Beide Seiten verweigern die Untersuchung der Ursachen und Bedingungen für den Konflikt, der durch diese geladenen und destruktiven Konzepte verschleiert wurde.

Jedoch sollten wir dringend die Gründe für Gewalt untersuchen, ohne die einen Bedingungen zu rechtfertigen und die anderen zu widerlegen. Durch eine ausgewogene Untersuchung gibt es das Potenzial für einen bedeutenden Austausch und die

Chance, Leid zu transformieren. Die Basis für diesen Austausch ist das Verständnis, dass andere frei von Leiden leben wollen – genauso wie wir selbst. Durch diese innere Verlagerung können wir jenseits der Treue zum und der Vorliebe des Selbst sehen und mit den Augen Gottes, mit den Augen der Gnade und des Mitgefühls für jeden schauen.

Nur wenige Männer und Frauen beteiligen sich an wirklich despotischen und grausamen Handlungen. Dies stimmt sogar für Soldaten, die dazu trainiert werden, Gewalttaten zu begehen, und es wäre unfair, die Angehörigen einer Armee so zu kategorisieren, dass sie ihre psychotischen Impulse, andere zu töten und zu verstümmeln, ausleben. Selbst wenn ein Armeepsychologe den Geist von gewissen Kräften des Kampfes für psychologisch und emotional gesund erklärt, ist es doch die Bedingung des Geistes, allen Befehlen zu gehorchen, was die größte Sorge derjenigen ist, die die Natur der Freiheit untersuchen. Die erste Regel im Armeedienst ist unhinterfragter Gehorsam den Vorgesetzten gegenüber. Durch solch ein Training folgt das militärische Personal den Befehlen, ohne sie zu untersuchen. Wer seine politischen Führer infrage stellt, kann schwer bestraft werden.

In einem öffentlichen Vortrag, den ich vor Kurzem in einer Synagoge in Tel Aviv in Israel gehalten hatte, wurde mir das Thema des unhinterfragten gehorsamen Ausführens von Befehlen vor Augen geführt. Einmal bat ich die Zuhörer, ihren Vätern, Brüdern, Söhnen und Onkel zu sagen, dass sie ihre Gewehre niederlegen und sich weigern sollten, in die besetzten Gebiete ihrer Nachbarn, den Palästinensern, mit den Panzern zu fahren oder mit Hubschraubern zu fliegen. Bei meinem Appell verließen drei Männer den Vortrag. Sich zu weigern, andere zu bedrohen und einzuschüchtern, geschweige denn Menschen zu töten, ist ein Akt innerer Freiheit. Wer mutig genug ist, sich den Befehlen seiner Vorgesetzten, die anderen Leid zufügen, zu widersetzen, zeigt eine spirituelle Bewusstheit und eine Haltung gegenüber der Autorität, die eine dominante Sichtweise transzendiert.

Nach dem Vortrag kam ein junger Mann zu mir und sagte: »Ich bin ein Kampfsoldat bei den israelischen Streitkräften, der IDF (Israeli Defense Force). Ich bin mir darüber im Klaren, dass wir kein Recht dazu haben, das palästinensische Volk auf die Art kollektiv zu bestrafen.« Dann ergänzte er: »Mehr und mehr junge Israelis verweigern die Einberufung. Ich sollte Palästina nicht wieder als Soldat betreten. Die Vorgesetzten werden mich wahrscheinlich für einige Monate ins Gefängnis schicken, weil ich ihren Befehlen nicht gehorche. Es ist nicht einfach. Meine Frau ist schwanger und erwartet bald ein Baby.«

Ich glaube, dass junge Männer wie er sich selbst, ihrer Familie und ihrem Land Ehre erweisen, indem sie sich verweigern, Krieg gegen andere zu führen. Diese Soldaten müssen sich mit Entbehrung und verbalen Beschimpfungen durch Gleichrangige und Ältere abfinden, wenn sie sich den Forderungen des Nationalstaates widersetzen. Bei solchen Konfrontationen testen die Männer und Frauen ihre Courage, ob sie andere so behandeln können, wie sie selbst behandelt werden wollen. Als bestimmendes Prinzip zeigt diese bedeutende Ethik in der menschlichen Existenz einen edlen Lebensstil.

## Konflikt reflektieren

Wie fühlen wir uns persönlich hinsichtlich Krieg und Konflikt? Was würden wir uns zum Beispiel fragen, wenn andere uns in der einen oder anderen Form angreifen würden? Unsere Fragen umfassen vielleicht die folgenden:

1. Welche Motive haben sie? Warum sind sie uns gegenüber so feindselig und wollen uns verletzen? Was verstehen sie nicht?

Zu Beginn müssen wir sehr achtsam und ehrlich die Situation betrachten, während wir versuchen, dem Geschehen so offen wie möglich auf den Grund zu gehen.

2. Was wollen sie? Was hoffen sie, durch ihre Worte und Handlungen zu erlangen?

Oft ist es für uns offensichtlich, dass die Mittel, die Menschen benutzen, oft das komplette Gegenteil dessen herbeiführen, was sie wirklich wollen. Ein unwissender Geist kann das schmerzhafte Karma nicht sehen, das er durch den Mangel an Weisheit im Hinblick auf Mittel und Zweck sät.

3. Trage ich bei dieser Angelegenheit irgendeine Verantwortung, direkt oder indirekt? Welche? Habe ich irgendetwas gesagt oder getan, das solch eine Reaktion ausgelöst hat?

Wir sollten uns sehr genau, lange und streng prüfen, ob wir Schwierigkeiten erschaffen oder zum Leiden beigetragen haben – entweder aktiv oder durch Versäumtes.

4. Bin ich bereit, das Problem zu lösen versuchen?

Bei einer Gewissensprüfung ist das oft eine der Fragen, auf die wir am schwierigsten positiv antworten können. Wir müssen uns vielleicht entschuldigen, etwas wieder gut machen, Mitgefühl zeigen und bereit sein zuzugeben, dass wir Fehler begangen oder die Verzweiflung der anderen ignoriert haben. Auch brauchen wir den Mut zu erkennen, dass diese offene Haltung bedeuten kann, sich einer Autorität zu widersetzen, aber das ist für spirituelle Heilung notwendig.

## Streit und Tradition

Viele gegenwärtige und vergangene Konflikte in der Welt existieren aufgrund von ethnischen Auseinandersetzungen, bei denen sich zwei historisch durch Kultur, Tradition oder durch religiösen Glauben geteilte Rassen oder Gemeinschaften mit einer mit der Zeit verhärteten Entschlossenheit einander bekämpfen. Abgesehen von der Situation im Mittleren Osten sollten wir nur an die beständigen, manchmal sporadischen, manchmal langwierigen Spannungen und Feindseligkeiten zwischen den Singhalesen und den Tamilen auf Sri Lanka, zwischen den Indern und Pakistani in Kaschmir, zwischen den Protestanten und Katholiken in Nordirland und zwischen den Serben, Kroaten und Moslems im ehemaligen Jugoslawien denken. Was sind die Wurzeln dieser Konflikte? Was verursacht solch tiefe und gewalttätige Uneinigkeit zwischen Menschen? Spirituell gesehen beginnt die Suche nach einer Antwort bei uns selbst und den anderen. Unsere Unwissenheit und unsere Tendenz, uns selbst auf Kosten von anderen aufzubauen, sind die Bausteine für größere Konflikte. Um die Aggression zwischen zwei Seiten zu verstehen, müssen wir deshalb zuerst uns selbst und unsere Standpunkte anschauen.

In der buddhistischen Tradition untersuchen die Praktizierenden der Achtsamkeit und des Verständnisses von sich ihre Projektionen auf sich selbst oder auf andere. Diese Projektionen sind Schichten, die die grundlegende Realität verdecken. Buddhisten haben weise erklärt, dass Unwissenheit die Tendenz, Leid zuzufügen, antreibt. Unter dem Einfluss der Unwissenheit denken wir, dass sie nur andere betrifft, als ob wir die exklusiven Rechte auf wahres Wissen und Verständnis hätten. Wenn sich in unseren Beziehungen etwas verändert, müssen wir unsere blinden Flecken und die Bereiche der Unwissenheit zugeben, bevor wir solche Fehler auf andere projizieren. Wir müssen die Kraft der Geschichte genauso wie die gegenwärtige Belastung verstehen. Durch Zugeben der Unwissenheit ebnen wir den Weg zu Bescheidenheit und der Bereitschaft, sich an den Dingen zu beteiligen, die dem tieferen Interesse aller dienen.

Damit das Selbst im Namen eines Glaubens Leid zufügt, braucht man eine Art Autorität, um sein Tun zu untermauern. Diese Autorität bezieht ihre Kraft oft aus einer historischen Vorrangstellung zur Unterstützung. Ohne sich auf die Geschichte und den Glauben zu beziehen, wäre das Selbst nicht in der Lage, aus sich selbst heraus destruktiv zu handeln. Da die wesentliche Natur des Selbst substanzlos ist, braucht es die Kraft der persönlichen und historischen Vergangenheit, um sich eine Autorität zu verleihen, die eine größere Sache als es selbst unterstützt. In den Augen des Selbst schenkt die Nation oder die Religion dem Anwenden von Terror oder dem Aufnehmen von Krieg Glauben. Das Selbst ernennt sich dann zum Herrn über Leben und Tod.

Wenn sich aber das Selbst nicht dogmatisch an seine traditionelle Autorität klammert und Toleranz entwickelt, kann es eine ähnlich entspannte Einstellung bei anderen fördern. Das veranschaulicht die folgende Geschichte über Moslems und Juden. Sie zeigt Wohlwollen, das normalerweise bei diesen beiden Gemeinschaften existierte. Vor Jahrhunderten hatte einmal der Mullah von Damaskus so sehr Halsschmerzen, dass er die Eröffnungsworte des Korans nicht von der Spitze des Minaretts zu den Gläubigen rufen konnte. Da er wusste, dass sein Nachbar, ein Rabbi, eine kräftige Stimme hatte, bat er ihn darum, so nett zu sein, die Stufen zum Minarett hinauf zu steigen und die Eröffnungszeilen für ihn zu singen.

Der Rabbi war einverstanden, hat jedoch nicht die traditionellen moslemischen Worte: »Es gibt nur einen Gott und Mohammed ist sein Prophet« ausgerufen, worum ihn der Mullah gebeten hatte. Stattdessen rief er: »Es gibt nur einen Gott und Moses ist sein Prophet.« Die ratlosen Moslems in den Straßen um das Minarett schauten auf seine Spitze und brachen in gutmütiges Lachen aus, als sie den grinsenden Rabbi entdeckten, wie er auf sie runter schaute, und erkannten, dass er sie neckte.

Im heutigen politischen Klima ist es unmöglich, sich solch eine religiöse Toleranz vorzustellen. Wir müssen unseren spirituellen, religiösen und politischen Horizont erweitern und jenseits der engstirnigen Sicht schauen, die unsere Wahrnehmung von persönlichen und internationalen Ereignissen formt. Wir sehnen den Tag entgegen, an dem der Mullah den Rabbi auf die Spitze des Minaretts einlädt.

## Verschiedene Menschen – eine Menschheit

Manchmal vergessen wir schnell, dass die ethnische Gewalt, die im Ausland geschieht und über die wir lesen, von persönlichen Haltungen abhängt, die wir in unserer Nähe finden können. Die folgenden Vorschläge, Punkte und Fragen kannst du dazu verwenden, um dir deiner derzeitigen Haltung gegenüber anderen klar zu werden.

1. Nimm dir Zeit, um über die Geschichte deines Landes zu lesen. Wurde es als Resultat eines Krieges gegründet? Was geschah mit den Menschen, die in dem Land lebten, bevor es von Außenseitern besiedelt wurde?

2. Schau dir die Zusammenstellung der Gesellschaft an, in der du lebst. Falls sie multikulturell ist, spiegelt sich das auch bei der Verteilung der verschiedenen ethnischen Gruppen in einflussreichen Positionen wider? Wenn nicht, stört dich das?

3. Wenn du über einen Zustrom von Einwanderern in dein Land liest, fühlst du dann Akzeptanz oder Ärger? Wenn du bei der Vorstellung glücklich wärest, würde sich das ändern, wenn nahe bei deinem Haus ein Flüchtlingslager errichtet würde?

4. Genießt du das Essen, die Kleidung, die Sprache und andere Aspekte der Kultur einer ethnischen Gruppe, die anders ist als deine eigene?

5. Erkenne, dass wir alle unter der Hautfarbe und hinter der Vielfalt der Sprachen und Gewohnheiten menschliche Wesen sind, wir alle Lebensproblemen gegenüberstehen und wir alle einander brauchen.

## Unterdrückung und Freiheit

Wie sollten wir reagieren, wenn wir in unserem eigenen Land, Staat oder Region mit politischer Unterdrückung konfrontiert werden? In der Bibel steht, dass Jesus einmal gefragt wurde, ob die Juden den Römern Steuern bezahlen sollten. Er antwortete, dass wir »dem Kaiser geben sollen, was des Kaisers ist, und Gott, was Gottes ist.« Bei dieser Sichtweise müssen wir uns darauf konzentrieren, unser spirituelles Leben zu entwickeln, unserer inneren Stimme zu folgen und unsere Handlungen an den Worten der Liebe, des Mitgefühls und der Freundlichkeit anderen gegenüber zu messen. Das haben die großen spirituellen Persönlichkeiten in der Vergangenheit erklärt. Das ist nicht immer einfach und kann sichtbare, gewaltlose Proteste politischen Autoritäten gegenüber umfassen.

Im September 1997 flog ich nach Washington D. C., um den Ehrwürdigen Maha Ghosananda, einen buddhistischen Mönch, Patriarch von Kambodscha und dreimal für den Friedensnobelpreis nominiert, bei seiner Kampagne gegen die Landminen zu unterstützen. Während meines Aufenthaltes traf ich in einem buddhistischen Kloster außerhalb der Stadt einen Kambodschaner namens Pracha. Er war in den frühen 70er Jahren von der kambodschanischen Regierung für ein Ingenieurstudium an eine amerikanische Universität geschickt worden. Das war kurz vor der Herrschaft der Roten Khmer unter der Führung von Pol Pot, die in ganz Kambodscha eine Kampagne organisierten, um die gebildeten Massen auszurotten und die Ungebildeten zu terrorisieren. (Während dieser schrecklichen Periode lebten der Ehrwürdige Ghosananda und ich als buddhistische Mönche in einem Kloster in Thailand, das etwa 15 Stunden mit dem Auto südlich von Bangkok lag. Der Ehrwürdige Ghosananda verlor alle seine Familienmitglieder, die Lehrer, Rechtsanwälte und Diplomaten waren.)

Pracha beschrieb mir einen Besuch in seinem Heimatland kurz nach den Massakern. Er erzählte: »Mehr als ein Drittel der Bevölkerung von Kambodscha wurde ermordet. Sie nahmen gebildete Menschen fest und brachten sie in regionale Schulen. In den Klassenzimmern haben sie die Menschen systematisch gefoltert, mit Knüppeln auf sie eingeschlagen und Tag für Tag auf sie geschossen. Die Dorfbewohner konnten die Schreie und den Terror in den Schulen hören.«

Es war ein buddhistischer Holocaust. Hunderttausende starben an Armut, Krankheit und Unterernährung oder mussten sich auf den Feldern zu Tode arbeiten. Die Roten Khmer zerstörten viel des kulturellen und religiösen Lebens in Kambodscha sowie zahlreiche Städte und Dörfer.

Pracha ergänzte mit Tränen in den Augen: »Als ich im Land ankam, ging ich in das Dorf, in dem so viele Mitglieder meiner Familie auf unaussprechbar grausame Weise gestorben sind. In Kambodscha ist es normal, wenn Gäste oder Familienmitglieder nach Hause zurückkommen, ihnen Fragen zu stellen wie: ›Woher bist du heute gekommen?‹, oder: ›Bist du durstig oder hungrig?‹ Stattdessen wurde ich als erstes gefragt: ›Wie viele Verwandte hast du verloren? Wie viele Verwandte sind dir geblieben?‹«

Ich fragte Pracha, was er heute im Hinblick auf den Terror von Mitte der 70er Jahre fühlt. Er antwortete: »Als Buddhisten lernen wie zwei Dinge: Zum einen nicht an der Vergangenheit zu hängen, da sie nur Bitterkeit und Hass schürt. Wir müssen in der Gegenwart bleiben und zum anderen jedem gegenüber – einschließlich Pol Pot und den Roten Khmer – liebende Güte praktizieren. Es ist niemals leicht, aber wir müssen lernen, zu vergeben und weiterzumachen.«

Später an diesem Tag eröffneten die Vereinten Nationen auf den Stufen des Senats eine internationale Kampagne, um die Produktion von Landminen zu stoppen. Der Ehrwürdige Ghosananda sagte zu den Reportern und den Kameraleuten, dass wir die Landminen, die in unseren Herzen existieren, genauso entschärfen müssen wie die Minen im Boden. Seine Worte brachten die zahlreichen Reporter, die mit Stiften, Papier, Aufnahmegeräten und Kameras ausgerüstet waren, zum Schweigen.

Was die Roten Khmer Kambodscha angetan haben, zeigt, was geschehen kann, wenn die politische Autorität, unterstützt von einer überwältigenden militärischen Kraft, die vollkommene Kontrolle über ein Land übernimmt. Dieselbe Tyrannei wird auf einer persönlichen Ebene aufgeführt, wenn unsere Herzen zu Landminen werden. Das innere defensive Verhalten einer versteckten Bombe in dem Terrain, das wir als unser eigenes bewahren wollen, kann von unserem Wunsch nach Freiheit erzeugt werden, sogar auf Kosten der Freiheit von anderen.

Als menschliche Wesen haben wir eine besondere Beziehung zur Freiheit, und wir neigen dazu, alles in unserer Macht Stehende zu tun, um sie zu beschützen, wenn sie durch irgendwelche Umstände bedroht wird. Unsere Liebe zur Freiheit reicht tief in unser Sein auf der biologischen, sozialen und persönlichen Ebene. In der Geschichte gibt es reichlich Erzählungen über die Suche nach Freiheit, nicht nur von Einzelnen, sondern von ganzen Völkergruppen, die sich in ihrer Situation unterdrückt gefühlt haben – der Auszug der Israelis aus Ägypten ist ein berühmtes Beispiel im Westen. In unserer Liebe zur Freiheit beugen oder ergeben wir uns nicht den Forderungen anderer.

Wenn wir uns jedoch als Spezies danach sehnen, unser Leben frei von Unterwerfung zu führen, dann müssen wir dieses moralische Prinzip auch auf andere anwenden. Ich möchte in Frieden leben. Ich möchte mich akzeptiert fühlen. Andere möchten sich akzeptiert fühlen. Wir sollten uns daran erinnern, dass wir als Einzelne unsere Freiheit opfern können, indem wir unseren inneren unheilsamen Impulsen und Tendenzen nachgeben, die uns unglücklich, ängstlich und intolerant machen. Wir können leicht unsere Freiheit verlieren, wenn wir uns der Autorität der Forderungen anderer beugen oder der Autorität unseres eigenen problematischen Geisteszustandes einen unangebrachten Sinn verleihen.

Unsere Freiheit verblasst auch, wenn wir versuchen, unseren Drang nach etwas so schnell wie möglich erfüllt zu bekommen, selbst wenn das bedeutet, über diejenigen, die uns im Weg stehen, hinwegzugehen. Manchmal geben wir uns selbst solch eine Bedeutung, dass sich andere von uns fernhalten wollen. Und es ist durchaus möglich, dass wir uns selbst verrückt machen, indem wir unserem persönlichen Erfolg nachjagen, von dem unser Selbstwertgefühl abhängt. Dieser Wunsch, sich wichtig zu fühlen, nährt unsere Vernarrtheit in Berühmtheiten, Sportmannschaften, charismatische Führer und patriotische Versammlungen. Durch Vereinigung, Kontakt und Treue erfahren wir die Erregung des Triumphes über andere. Unser Vergnügen geht auf Kosten von anderen.

Frieden im Herzen beruht auf unserer Fähigkeit, für uns selbst zu denken, dem Druck unseres inneren Drangs und unserer Begierden genauso wie äußerem Zwang, besonders bei einer nationalen Notlage, zu widerstehen (oder ihn zu überwinden). Es geschieht nämlich oft, dass eine Gruppe von Menschen dazu gezwungen wird, in Solidarität zusammenzukommen, wenn sie bedroht wird. Vorher haben sie vielleicht ihren Führer ignoriert, nun scharen sie sich um seine oder ihre Worte, weil ihre Sicherheit bedroht ist. Bei diesem kollektiven Bedürfnis nach Selbstschutz können wir die hart errungene Freiheit darauf reduzieren, für uns selbst zu denken, in dem Glauben, dass das Übereinstimmen mit den Zielen unseres Führers uns mehr Schutz bietet. Freiheit ist ein natürlicher Instinkt, aber wir missbrauchen sie, wenn wir sie als Rechtfertigung dafür verwenden, andere zu terrorisieren.

## Sich Unterdrückung widersetzen

Politische Unterdrückung ist in der ganzen Welt weit verbreitet, an manchen Orten offensichtlicher und brutaler, an anderen subtiler und heimtückischer. Was können wir als Einzelne tun, um Unterdrückung – sowohl auf der nationalen als auch auf der persönlichen Ebene – zu bekämpfen? Die folgenden Punkte dieses »Menschenfriedensvertrages« können uns helfen, unsere Gedanken und Handlungen gegen Unterdrückung oder ihre Bedrohung positiv auszurichten.

## Menschenfriedensvertrag

1. Ich gelobe, mich selbst vollständig von der Zerstörung des Lebens, einschließlich aller Handlungen des Krieges, des Terrors und Hinrichtungen, zu enthalten. Ich will keinerlei Kriegserklärungen unterstützen, die von meinem oder einem anderen Land, das ich unterstütze, initiiert werden.

2. Ich gelobe, andere Gruppen von Menschen (Nationen, Mehrheiten, Minderheiten oder Einzelne) weder anzugreifen noch zu missbrauchen.

3. Ich gelobe, Organisationen oder Gruppen, die für Frieden, Gerechtigkeit, politische und ökonomische Rechte und die Rechte der Umwelt arbeiten, zu unterstützen.

4. Ich gelobe, für das Beenden des Leidens zu arbeiten, das durch Gewalt, Angst, Korruption, Phobien oder Gier aufrecht erhalten wird.

5. Ich bemühe mich darum, das Militär, die Waffenhersteller und Waffenhändler davon zu überzeugen, ihre Waffen niederzulegen und den Hass in sich selbst zu töten.

6. Ich gelobe, Menschen zu sehen statt Etiketten, mit denen sie versehen werden, und mir der gemeinsamen Menschheit bewusst zu sein.

7. Ich gelobe, als meine Pflicht gegenüber der Menschheit daran zu arbeiten, Wut, Aggression und Angst zu beenden.

## Meditation über Mitgefühl

Benutze das folgende »Herzensgebet« als Meditation, um negative Gedanken gegenüber anderen zu überwinden und dich selbst mit Gefühlen der liebenden Güte für deine Familie, deine Freunde, deine Nachbarn, Fremde und Feinde, sowohl Zuhause als auch entfernt, anzufüllen. So kannst du dabei helfen, die Bande der ungerechten Autorität aufzulösen.

## Herzensgebet

Lasst uns unsere Herzen beständig im Blickfeld behalten.
Lass mich Freundlichkeit finden, um Verbitterung zunichte zu machen.
Lass mich Großzügigkeit zeigen, um Besitzansprüche aufzulösen.
Lass mich bei Schmerz standhaft bleiben, statt in Angst zu leben.
Lass mich untersuchen, statt zu reagieren.
Lass mich frei sein von Anhaften und einem engen Geist.
Lass mich Mitgefühl statt Gleichgültigkeit ausdrücken.

Damit sich mein Herz mit der Realität von anderen verbindet.
Damit ich dem unsterblichen Prinzip, andere so zu behandeln, wie ich behandelt werden möchte, treu bleibe.
Damit Bewusstheit und Respekt meine Gedanken, Worte und Handlungen erfüllen.
Damit ich auf würdevolle und edle Weise lebe, die wahre Freiheit des Seins zeigt.

# VIII Akzeptieren, dass Leiden existiert

*Selig, die arm sind im Geist, denn ihnen gehört das Himmelreich.*
*Selig die Trauernden, denn sie werden getröstet werden.*
*Selig, die keine Gewalt anwenden, denn sie werden das Land erben.*
*Selig die Barmherzigen, denn sie werden Erbarmen finden.*
*Selig, die ein reines Herz haben, denn sie werden Gott schauen.*
*Selig, die Frieden stiften, denn sie werden Söhne Gottes genannt werden.*
JESUS VON NAZARETH, MATTHÄUS, 5:3-5; 7-9

Leiden gehört zu den menschlichen Bedingungen. Wir sind dem Leiden unterworfen, wie sehr uns das auch missfällt oder wir es zu leugnen versuchen. Von einer spirituellen Perspektive aus gesehen, besteht die große Herausforderung darin, wie wir darauf reagieren und uns damit abfinden. Im Buddhismus wird die Tatsache des Leidens in den vier Edlen Wahrheiten betont. Sie lauten: Leiden ist Teil des Menschseins; die Wurzel ist in unseren Begierden begründet; es ist möglich, das Leiden zu beenden; es gibt einen »Achtfachen Pfad«, mit dem wir das Leiden beenden können. Er besteht aus: rechter Erkenntnis, rechter Gesinnung, rechter Rede, rechter Handlung, rechtem Lebenserwerb, rechter Anstrengung, rechter Achtsamkeit und rechter Sammlung.

Dieses Buch verfolgt insgesamt die Absicht, Wege zu untersuchen und vorzuschlagen, um mit den verschiedenen Arten des Leidens und seiner Ursachen und Auswirkungen umzugehen. In den ersten drei Kapiteln betrachteten wir Trauer, wie wir mit unseren Reaktionen auf Konflikt umgehen und wie wir mit Wut arbeiten. Kapitel vier führte uns dazu, darüber nachzudenken, wie wir den unvermeidlichen Tod akzeptieren können, und Kapitel fünf zum Nachdenken über Klischees und Vorurteile und wie sie unsere Reaktionen färben. In den beiden vorhergehenden Kapiteln haben wir untersucht, was es bedeutet, mit dem Leben wirklich verbunden zu sein, sowie die Natur von Autorität und wie wir uns ihrem Missbrauch stellen. Dieses Kapitel gibt einen Überblick über Konflikt und Leiden und was wir tun können, um authentische Freiheit davon zu erlangen.

## Der Pfad zur Bewusstheit

Wir haben als Spezies auf dieser Erde die bemerkenswerte Fähigkeit, unser volles Potenzial als menschliche Wesen zu entfalten. Dafür müssen wir aber unser Leben neu ausrichten und bereit sein, mit unserem Bewusstsein ins Unbekannte vorzudringen. Dies ist ein gewaltiges Unterfangen, denn es zwingt uns dazu, zahlreiche Dinge über uns selbst, die wir für selbstverständlich angenommen haben, infrage zu stellen. Manche spirituellen Lehrer warnen uns davor, schlafwandlerisch durch unser Leben zu gehen. Es ist ein wirklich bedeutender Schritt, wenn wir uns dazu entschließen können, aufzuwachen und unser Leben ganz neu zu beginnen und uns in dieser erstaunlichen, wunderbaren und unergründlichen Welt wie neu geboren zu fühlen.

Wie dieses Buch auf verschiedene Arten aufgezeigt hat, müssen wir das Klammern an der Vergangenheit beenden, wenn wir auf neue Ebenen des menschlichen Bewusstseins und der Vision vorstoßen wollen. Unsere Schritte richten sich unumstößlich gegen unser Bemühen, in unserer Konsumkultur erfolgreich zu sein. Wir benötigen Mut, um uns selbst prüfende Fragen zu stellen und dann mit ihnen zu leben. Wenn wir das jedoch tun, dann werden wir ein tieferes und umfassenderes Interesse am

Leben entwickeln. Diesen Prozess können wir durch eingehenderes spirituelles Wissen und Erfahrung, durch Reisen, durch Meditation, durch Aufenthalt in der Natur und durch Kontakt mit weisen Menschen unterstützen.

Diese spirituelle Reise kann in gewisser Hinsicht als grenzenloses und endloses Abenteuer im Bewusstsein beschrieben werden. Dieses Abenteuer gewährt uns Zugang zur Liebe und zum Glück, die uns mehr bedeuten als jede andere Erfahrung. Es spielt keine Rolle, wie schwierig der spirituelle Weg ist oder wie oft unser Fortschritt zeitweise Rückschritte zu machen scheint. Der Pfad erfordert eine innere, tiefe Verpflichtung.

Zu Beginn der Reise ist es nicht überraschend, nicht zu wissen, wohin der nächste Schritt führt. In der spirituellen Arena hat es in den letzten Jahren eine riesige Explosion an Aktivitäten, Praktiken, Religionen und Glaubensrichtungen gegeben. Trotz der verwirrenden Vielfalt an Belehrungen, Kursen, Workshops und Retreats, die derzeit verfügbar sind, und der Schwierigkeit, daraus auszuwählen, unterstützen uns viele dabei, eine tiefe spirituelle Einfühlsamkeit dem Leben gegenüber zu entfalten, das Leiden, das sich um die Aktivitäten des Selbst konzentriert, aufzulösen und eine befreite Bewusstheit zu entfalten.

Es ist nicht einfach festzulegen, was auf dem spirituellen Supermarkt wertvoll ist. Aber ich betrachte es als ein edles Streben sowie Lebensstil, wenn wir wenigstens versuchen, ein anderes Bewusstsein zu erlangen und dadurch eine Art Verständnis für die tieferen Fragen der Existenz zu finden. Bei dem großen, vielfältigen Angebot sollten wir unser spirituelles Ziel ständig berücksichtigen. Und wir sollten uns daran erinnern, was uns die alten Mystiker gesagt haben, nämlich dass bei jedem Schritt, den wir in Richtung Gott machen, er uns ebenso einen Schritt entgegenkommt, und dass jeder Schritt auf dem spirituellen Weg das Ende oder die Erfüllung immer näher herbeiführt.

Im Licht der Bewusstheit sollten wir nicht starr an einem Glaubenssystem oder an alten und überholten Ansichten festhalten. Wir sollten einfach erforschen, wie wir uns über die Probleme der Welt erheben und gleichzeitig Liebe und Mitgefühl denjenigen gegenüber, die im Sumpf der täglichen Existenz leiden, ausdrücken können. Bei erfolgreicher Untersuchung wird unser zur Suche erwachtes Bewusstsein die folgenden drei äußerst wichtigen Faktoren umfassen:

1. Ethik, die verlangt, dass wir andere so behandeln, wie wir behandelt werden wollen.
2. Achtsamkeit und Meditation, mit der wir die Existenz von Moment zu Moment mit unserem ganzen Sein erforschen.
3. Die Verwirklichung einer unzerstörbaren Befreiung, die sich als nicht aufzuhaltende Freundschaft dem Leben gegenüber zeigt.

Es ist nicht einfach, diese drei Punkte umfassend zu berücksichtigen. Entscheiden wir uns jedoch für etwas anderes, dann erlangen wir schließlich nur das Endliche und Begrenzte. Spirituelle Lehren deuten auf das Unendliche und Grenzenlose hin. Können wir das begreifen, dann können wir Terror und den quälenden Ereignissen in unserem Leben einen Sinn verleihen. Denn dann erkennen wir, dass auch diese zur Vollständigkeit der Existenz gehören – ob uns das gefällt oder nicht. Sich die menschliche Rasse als eine Familie vorzustellen, bedeutet, dass wir uns im Hinblick auf Kriege oder Terror, die in unserem Namen begangen werden, wahrscheinlich sehr unbehaglich fühlen. Wir werden das Gefühl haben, dass die Kriegsmaschinerie niemals die Antwort auf gewalttätige Handlungen oder auf ernsthafte Konflikte zwischen Menschen sein kann.

Von einem spirituellen Standpunkt aus gesehen fühlen wir uns vielleicht eingeengt. Einerseits wollen wir über noch mehr Blutvergießen als Antwort auf Terror nicht stillschweigend hinwegsehen, haben jedoch andererseits keine Antwort. Das spirituelle Leben bittet uns darum, mit der Wahrheit dieser Erfahrung ruhig zu bleiben, anstatt zu der vereinfachten Haltung des »Wir müssen etwas tun« zurückzukehren, die oft bedeutet, Militär einzusetzen. Es benötigt eine gewisse Kraft, die Fragestellung am Leben zu erhalten, sodass wir dem Weg des Konfliktes widerstehen können und stattdessen eine neue, erleuchtendere Beziehung mit dem Rest der menschlichen Familie anstreben.

Es ist eine sehr tief gehende Handlung, das Hier und Jetzt anzuschauen und sich so sehr um Ereignisse zu kümmern, dass wir fest entschlossen eine noble Antwort ausdrücken, anstatt die Forderungen der Wenigen oder der Vielen, die sich selbst bei jedem größeren Konflikt anfeuern, zu unterstützen. Der spirituelle Weg ist voll Herz, voller Hoffnung und verlangt eine furchtlose Entschlossenheit von Männern und Frauen, damit sie auf eine andere Welt hinweisen können, in der wir alles in unserer Macht Stehende tun, um anderen unsere Liebe zu zeigen, ohne Rücksicht darauf, wie wir Ereignisse betrachten sollen. Wir dürfen niemals vergessen, dass es für ein menschliches Wesen eine wertvolle Angelegenheit ist, anders zu denken und anders auf Terror zu reagieren. Im spirituellen Leben glauben wir an die Kraft der Liebe, an furchtloses Mitgefühl und an konstruktives Engagement, um Leiden aufzulösen.

## Spirituelle Praxis

Wenn wir einen spirituellen Weg verfolgen und praktizieren, dann transformieren wir nicht nur uns selbst, sondern sind dann auch besser in der Lage, der Welt im Ganzen zu dienen. Im Wesentlichen ist diese Praxis ein aktives, dynamisches Streben, dem wir alleine oder zusammen mit anderen folgen können. Die folgenden Punkte sind eine Aufstellung einiger Merkmale und Vorteile der spirituellen Praxis.

- Durch spirituelle Praxis können wir uns selbst von destruktiven Gedanken und Gewohnheiten und nachlässigen Handlungen befreien.
- Mit spiritueller Praxis können wir unseren Geist von Gier, Hass und Angst befreien.
- Mit spiritueller Praxis können wir Achtsamkeit entwickeln und eine neue Tiefe bei der Meditation erlangen. Auch können wir zu spirituellen Einsichten in die Natur der Dinge kommen.
- Mit der spirituellen Praxis können wir bereit werden, Machtmissbrauch infrage zu stellen und die Welt dementsprechend zu beeinflussen, denn die Praxis schließt den politischen Bereich genauso wie das soziale und religiöse Gebiet mit ein.
- Mit der spirituellen Praxis können wir uns über die verschiedenen Herausforderungen des Lebens erheben und erkennen, dass sie relevant ist für alle Erfahrungen und Situationen. Auch kann Kampf ein wesentlicher Teil der spirituellen Praxis sein.
- Das Theoretisieren über die Dinge kann ohne die spirituelle Praxis verantwortungslos werden. Die Praxis führt ohne Vernunft nirgendwohin. Sie umfasst Bewusstheit, Erfahrung und Anwendung.
- Mit der spirituellen Praxis können wir intuitives Wissen erwecken und es entschlossen für das Wohlergehen aller verwenden.
- Durch spirituelle Praxis können wir unsere Wahrnehmungen in entschiedene Bewusstheit, mitfühlendes Handeln und transzendente Vision übertragen.

## Ein spiritueller Krieger

Die Friedensnobelpreisträgerin Aung San Suu Kyi bleibt genauso standhaft und unerschrocken wie die Stimme ihres Volkes in Rangun, der Hauptstadt von Myanmar oder Burma. Während sich der Rest der Welt nur wenig für Myanmar interessiert, da es keine strategische Bedeutung hat, bleibt die »Mutter der Nation« in ihrem Land 24 Stunden am Tag und 365 Tage im Jahr präsent. Selbst als ihr britischer Ehemann in Oxford in England an Krebs starb, blieb sie in Myanmar. Wenn sie das Land nämlich verlassen würde, würde es ihr das repressive Militärregime niemals erlauben, in ihr Heimatland zurückzukehren. Aung San Suu Kyi ist eine spirituelle Kriegerin.

Entgegen der landläufigen Meinung müssen spirituell Praktizierende kein sanftes und unterwürfiges Leben führen und viele Stunden am Tag beten und meditieren, obwohl dies manchmal Priorität haben kann. Wahre Praktizierende sind bereit, in den Krieg zu ziehen. Als spirituelle Krieger kämpfen sie jedoch nicht, um Leben und die Heimat von Männern, Frauen und Kindern zu zerstören. Sie führen innen und außen Krieg gegen Gier, Hass und Angst. Im spirituellen Leben wird es oft sehr betont, dass man zuerst an sich selbst arbeiten muss, bevor man mutig anderen zu helfen wagt: Spirituelle Krieger kümmern sich um innere und genauso um äußere Situationen.

Manche Menschen lassen sich einfach durch das Leben treiben und mischen Konsum mit spirituellen Werten. Ein spiritueller Krieger sieht die Dinge anders. Denn eine solche Person weiß, dass sie oder er bereits ein Teil der Welt ist, und führt Krieg gegen unheilsame Geisteszustände, sobald diese aufkommen. Ein Merkmal eines Kriegers ist es, Risiken einzugehen bereit zu sein, Werte aufrechtzuerhalten, die sich gegen den Mainstream des Denkens richten oder sich in Risiko- oder Gefahrenbereiche zu begeben. Ein Krieger ist mutig, kann aber auch tollkühn sein; couragiert aber manchmal ängstlich; stark aber verletzlich. Manchmal müssen sich Krieger auf ihre inneren Absichten verlassen, um für Veränderung zu arbeiten, Leiden aufzulösen und es nicht anwachsen zu lassen.

Für die meisten von uns bedeutet der Kampf, mit dem wir unser Ego stärken und unseren eigenen Weg gehen, dass wir in Konflikt mit anderen bleiben. Wenn wir zu einer neuen Ebene des Verständnisses fortschreiten wollen, müssen wir versuchen, unser Bewusstsein aus einer feindseligen oder einer demütig fixierten Haltung zu befreien. Indem wir weise sind und uns mit dem Undenkbaren beschäftigen, werden wir spirituelle Krieger. Auf die Art lösen wir die Grenzen auf, die uns solange von anderen trennen, bis es einen aufrichtigen Kontakt zwischen uns gibt. Im Konfliktfall gehen wir mitten in die Situation, bis wir uns wie in einer Feuerprobe fühlen, die innere Kraft und Furchtlosigkeit erzeugt.

Deshalb verlangt es einen Krieger nur wenig nach Passivität, nach vereinfachter Freundlichkeit und innerer Ruhe, während er das Leiden bei anderen zu Hause oder im Ausland ignoriert. Sowohl im Buddhismus als auch in der Psychotherapie gibt es zu viele Stimmen, die sich mit innerer Ruhe und unkritischer Haltung zufrieden geben, anstatt die Furchtlosigkeit zu rühmen, die benötigt wird, um die meisten schmerzhaften Situationen zu transformieren.

Als Krieger können wir uns durch noble Absichten und Handlungen zu der Herausforderung, für die Rechte von anderen einzutreten, erheben. Wir machen uns selbst dafür bereit, das Leiden von ungeheuerlichem Unglück und offensichtlichen Niederlagen und Spott zu ertragen, indem wir darauf vertrauen, dass der Geist für wirkliche Veränderung über den Terror, der anderen zugefügt wurde, triumphieren wird.

Diese Vision und Einstellung unterscheidet einen spirituellen Krieger von Politikern und religiösen Führern, die »gerechte Kriege« befürworten. Als Krieger zollen wir unseren Feinden Respekt, wie schlecht durchdacht oder hasserfüllt ihre Handlungen auch immer sind. Wir betrachten Gewalt – wie schrecklich auch immer – als Alptraum nicht nur für die Leidenden, sondern auch für diejenigen, die Leid zufügen.

Als Krieger müssen wir uns dessen bewusst bleiben, wie viel Grausamkeit, Rücksichtslosigkeit und Schmerz manche Menschen absichtlich anderen zufügen. Es benötigt unsere ganze Energie, um entschlossen kreativ und hartnäckig zu handeln, um eine schreckliche Situation durch die Kraft des Geistes, die Sprache und durch mitfühlendes Engagement umzuwandeln. Der alte rachsüchtige Weg muss hinter einem neuen Anfang zurückbleiben, der frei von unterschwelligem Hass ist.

Diesen dynamischen Transformationsprozess können wir gehen, wenn wir bereit sind, aggressive Ansichten und gewohnte Reaktionen auf das, was wir hören oder glauben, über Bord zu werfen. Solch eine radikale Veränderung kann nur heute stattfinden, nicht morgen, nächste Woche oder nächstes Jahr.

## Ein Soldat gegenüber einem Krieger

Für einen spirituellen Krieger ist es wichtig zu erkennen, dass wir uns auf unsere inneren Absichten, für Veränderung zu arbeiten und Leiden aufzulösen, verlassen müssen, anstatt von der Kraft der Waffen abhängig zu sein. Das ist ein entscheidender Unterschied zwischen einem Krieger und einem Soldaten. An die folgenden Unterschiede sollte man sich ebenso erinnern:

- Ein Soldat will töten.
- Ein Krieger will für Transformation arbeiten.

- Ein Soldat will seinem Kommandanten folgen.
- Ein Krieger verlässt sich auf niemanden.

- Ein Soldat vertraut vielleicht Gott.
- Ein spiritueller Krieger weiß vielleicht nicht, was Gott ist.

## Authentische Freiheit erlangen

Es ist ziemlich traurig, wenn wir unser Leben zu einem Instrument der Gesellschaft werden lassen. Wir befolgen ihre Diktate und lassen unermüdliche Propaganda zu, damit wir nach ihren Wünschen geformt werden. Viele von uns im Westen haben aus dem Wort »Freiheit« ein Mantra gemacht und posaunen es überall herum, damit es der Rest der Welt hören kann. Aufgrund dieses Handelns haben wir die Bedeutung von »Freiheit« getötet. Denn während wir die Freiheit propagieren, die wir genießen und fördern wollen, vergessen wir leicht, dass wir uns selbst die ganze Zeit einschränken durch innere und äußere Zwänge – wie zum Beispiel durch unsere Wut und Gier oder durch das Diktat des Marktes, die in uns Zweifel, Sorgen und ein tiefes spirituelles Vakuum auslösen können.

Wenn wir unsere Unzulänglichkeit als Gesellschaft anerkennen, können wir – anstatt unaufhörlich über Freiheit zu reden – von anderen Gesellschaften lernen und sie wollen vielleicht als Reaktion darauf von uns lernen. Aber dies benötigt von allen Seiten Bewusstheit, Demut und Weisheit, um zum Kern der Angelegenheiten zu kommen.

Um auf einer persönlichen Ebene authentische Freiheit zu erlangen, müssen wir uns selbst untersuchen und bereit sein, von anderen zu lernen. Wir fühlen uns vollkommen verloren, wenn unsere verschiedenen erzwungenen Routinen und Muster im Leben zum Erliegen kommen. Wenn wir uns von einem Partner trennen, können wir uns Hals über Kopf in eine neue

Beziehung stürzen, in der die Fehler der vorhergehenden wiederholt werden. Wenn wir einen Job verlieren, dann nehmen wir nicht die Gelegenheit wahr, unser Leben zu verändern, und können nur beobachten, wie die alten Muster wieder geboren werden, sodass wir nur daran denken können, einen neuen Job zu bekommen. Beim Alten und Vertrauten fühlen wir uns sicher.

Wir können unser tägliches Leben mit einer gewissen Mittelmäßigkeit endlos weiter führen, aber manchmal fühlen wir uns in einem eintönigen Trott gefangen im Vergleich zu denjenigen, die das Abenteuer des Lebens anscheinend ergriffen haben. Manchmal wundern wir uns darüber, dass andere Menschen nicht nur Risiken eingehen, um frei und anders zu leben, sondern auch dazu bereit sind, fürchterliche Bedingungen ohne Bedauern oder Angst zu ertragen. Vergleichen wir uns selbst mit solchen Menschen, machen uns oft Gefühle von Konkurrenz, Begierde und Neid schwer zu schaffen. Aber wir sollten sie als Muster betrachten und uns aus der Selbstzufriedenheit aufrütteln lassen.

Ohne Risiken einzugehen, ist es unmöglich, authentische Freiheit zu erlangen, und es ist auffallend, dass Forscher und Bergsteiger oft beschreiben, dass sie sich inmitten der potenziellen Gefahr frei und gelassen gefühlt haben. Ernest Shackleton, ein britischer Antarktisforscher, und 27 Männer bereiteten sich am 19. Januar 1915 darauf vor, ihr 300-Tonnen-Schiff, die Endurance, aufzugeben, als das Wasser um sie herum zu Eis gefror. Das Schiff fuhr Tausende von Meilen im Zickzack und versuchte, die Eisschollen zu brechen. Schließlich verließ die Besatzung das feststeckende Schiff und versuchte ihre Versorgung über die Eisberge zu ziehen, bis sie Land fanden. Sie lebten fünf Monate auf dem schwimmenden Eis und warteten darauf, dass es im Frühjahr schmelzen und aufbrechen würde.

Der Kapitän des Schiffes, Frank Worsley, schrieb im Lager auf dem Eis in sein Tagebuch: »Während ich vorausschaue und alle möglichen Gefahren einplane, mache ich mir über diese Gefahren, die wahrscheinlich sehr groß werden könnten, keine Sorgen, sondern lebe angenehm und glücklich in der Gegenwart und kann wirklich sagen, dass ich mich zurzeit viel mehr amüsiere, als ich es in der Zivilisation tun würde.«

Erstaunlicherweise ruderten dann sechs Männer der Besatzung, einschließlich Shackleton und Worsley, etwa 1300 Kilometer in einem kleinen Boot auf einem Sturm gepeitschten Meer, um Hilfe für den Rest der Männer zu holen, die auf einer kleinen, unbewohnten Insel gefährlich campten. Vier Monate lang warteten die Männer dort, bis Shackleton ein Schiff fand, das das Eis durchbrechen konnte, um sie zu erreichen. Sie überlebten alle.

Man kann sich die Bedingungen nur schwer vorstellen, denen diese Männer Monat für Monat ausgesetzt waren. Ihre Welt schien weit entfernt zu sein von unseren täglichen Beschäftigungen; nur Wenige würden sich aufmachen, um für Monate in einem verzweifelten Zustand der Ungewissheit auf einer Eisscholle zu sitzen. Das Beispiel von Frank Worsley sollte uns jedoch dazu ermutigen, dass wir sogar die dringendsten Probleme und Bedingungen transzendieren können, wenn wir in der Gegenwart leben und jeden Tag und jeden Moment so annehmen, wie sie kommen. Das Leben ist kürzer als ein Blitz am Nachthimmel. Manchmal müssen wir unser Leben lange und sehr genau anschauen und uns wagen, uns auf das kalte Eis der Existenz zu begeben. Indem wir das tun und Risiken eingehen, können wir uns von der Trostlosigkeit unseres unangefochtenen Lebens befreien und beginnen, die Vorurteile, Wut und Begierden, die uns einzwängen, anzugehen.

Wenn wir uns innerlich bis zur Wurzel unseres Seins begeben, dann finden wir, dass diese Freiheit auszudrücken mehr bedeutet, als Komfort nachzujagen. Durch Mut und Entschlossenheit – wie uns der Bericht von Worsley darauf hinweist – können wir die herausforderndsten Bedingungen aushalten. In unserem Denken sollte Freiheit an erster Stelle stehen und Sicherheit an zweiter. Die moslemische Gemeinschaft erinnert sich seit Jahrhunderten an diese Wahrheit mit folgendem Sprichwort: »Vertraue Allah, aber vergiss nicht, dein Kamel anzubinden.«

## Freiheit für Veränderung

Bist du bereit, deinen Lebensstil mit all seinen Qualen und Enttäuschungen zu einem Leben, das Leiden und Schmerz transzendiert, zu verändern? Diese Veränderung, diese Transformation würde wirklich etwas über deine Fähigkeit, authentische Freiheit zu erleben, aussagen. Tue es, wenn du kannst. Hier sind einige Fragen, die dir auf deinem Weg helfen können.

- Bist du frei, dich selbst zu verändern, innerlich und äußerlich?
- Bist du frei, etwas anderes als ein Rädchen im Getriebe zu sein, sei es in deinem Job oder in einem anderen Bereich deines Lebens?
- Bist du frei, täglich ohne die Schichten von Unzufriedenheit, mit denen du durch den Tag gehst, aufzuwachen?
- Bist du frei, selbstlos zu handeln und großzügig anderen gegenüber zu sein, ob es sich um Freunde, die Familie oder Fremde handelt?
- Bist du frei, viel zu lieben und wenig zu wollen?
- Bist du frei, ein befreites Leben zu führen und nicht täglich von einer Sache oder einer Position versklavt zu werden?
- Bist du frei, Risiken einzugehen, um unkonventionelle Wege der Erfahrung und des Dienstes an anderen zu erforschen?

## Die Freiheit, für uns selbst zu denken

Um unsere Werte grundlegend zu verändern, müssen wir lernen, unsere eigenen Gedanken zu denken, anstatt mit bedingungslosem Gehorsam die Gedanken anderer zu wiederholen. Wir können mit unseren ungeprüften, oberflächlichen Kommentaren zu trivialen Situationen herausplatzen, aber wenn wir eine Haltung zu Leiden und seiner Lösung ausdrücken wollen, dann muss sie sich davon unterscheiden. In diesem Fall müssen wir die Fähigkeit entwickeln, allen Formen des Lebens die Würde und den Respekt, den sie verdienen, zu verleihen. Das bedeutet, für das direkte Wohlbefinden von anderen Risiken einzugehen.

Wir müssen fähig sein, für uns selbst zu denken; wir müssen auf frische Weise meditieren, um unmittelbare und radikale Veränderung herbeizuführen. Wir müssen entschlossen sein, tief in die Realität einzutauchen und uns jenseits der anfänglichen, vereinfachten Schlussfolgerungen zu begeben, die wir aus wenig Kenntnis gebildet haben. Im Unbekannten und in einem Zustand innerer Leerheit können wir jedes Problem anschauen, wie schrecklich es auch immer erscheint. Um das tief zu erforschen, folgen fünf Bereiche für Kontemplation:

## 1. Wiederholen wir, was wir anderswo gehört haben?

Wir sollten unsere Fähigkeit, eine Ansicht anzunehmen, nur weil sie sich »richtig anhört«, nicht unterschätzen. Wenn wir auf bestimmte Argumente fixiert sind, wiederholen wir sie jedes Mal, wenn das betreffende Thema aufkommt. Diese blinde Unterstützung von irgendetwas wirkt sich auf unseren Geist, unsere Sprache und Handlungen aus: Unsere enge Fixierung an eine Idee stärkt unsere Vorstellung eines Selbst oder »Ich« und »mein«, als ob das, von dem wir behaupten, es sei wahr, seine Wurzeln in tiefer Einsicht hätte.

Wir tendieren auch dazu, Ideen aus verschiedenen Quellen zu unseren eigenen zu machen. Das Ego investiert in diese angenommenen Haltungen, um sich selbst zu stützen; dann setzen wir (oder unser Ego) uns durch, indem wir behaupten zu wissen, wie die Dinge wirklich sind. Diese Täuschung schleicht sich ein, hält uns und andere zum Narren und vergrößert schließlich das Leiden in der Welt.

### 2. Habe ich das, was ich sage, durchdacht?

Mit dieser Frage können wir die verschiedenen Aspekte des Leidens und seiner Ursachen reflektieren. Ein wirklich bewusster Zugang bleibt für Untersuchung offen und nimmt sich Zeit für Kontemplation und Studium. Eine einseitige Sichtweise stammt im Allgemeinen von der vereinfachten Vorstellung, dass nur eine einzige Ursache für ein tragisches Ereignis verantwortlich sein kann.

Unsere unmittelbare Reaktion auf Verletzung lautet gewöhnlich: »Du hast mich verletzt. Was du getan hast, hat mir Schmerz bereitet.« Jedoch können wir die Umstände tiefer betrachten und fragen: »Was hat dich dazu veranlasst, mich zu verletzen? Trage ich eine Verantwortung dabei? Was glaubst du, ist ungelöst? Gibt es etwas, das ich tun kann und einen Unterschied bewirkt? Auf welche Bedingungen stützt du dich, dass du zu dieser Position gekommen bist?« Die Bereitschaft, jenseits von vereinfachten Antworten zu schauen, wird in einer ausgeglichenen Wahrnehmung resultieren, die ein Problem lösen kann.

### 3. Weißt du viel zu dem Thema?

Wir müssen aufrichtig an dem Thema interessiert sein, das wir betrachten wollen. Dazu müssen wir uns mehr anstrengen, als eine Zeitung zu lesen oder die Nachrichten zu schauen. Wir müssen weiter gehen und für uns die Natur des Leidens, seine

Ursachen, seine Auflösung und die Mittel, um das zu erreichen, erforschen. Das bedeutet auch, Bücher zu lesen, Dokumentarfilme anzuschauen, darüber zu diskutieren, nachzudenken, praktische Übungen zu machen und tief zu prüfen. Auch müssen wir anderen zuhören, ohne unser zentrales Ziel, Leiden – wie intensiv es auch immer ist – aufzulösen, aus den Augen zu verlieren. Unsere Entschlossenheit dazu wird uns davor bewahren, uns in den unerfindlichen Details zu verlieren oder nach Wissen um seiner selbst willen zu streben.

## 4. Kannst du dir einen Überblick verschaffen?

Tiefes Erforschen erfordert auch Weite, und wir sollten die Dinge und Ereignisse im Gesamten wahrnehmen und das Leiden in den Zusammenhang der universellen menschlichen Bedingungen stellen können. Wir kennen die Welt von außen ebenso gut wie von innen. Das bedeutet, dass wir fest in der Welt bleiben und mit Liebe und Handlungen Leiden auflösen, aber nicht so sehr an der Welt hängen, dass wir Verletzungen zufügen oder Sorgen bereiten. Auf die Art können wir es schätzen, in Beziehung mit anderen in gegenseitigem Respekt und Vertrauen zu leben. Solange wir nicht die Fähigkeit entwickeln, die Welt des gegenseitigen Quälens zu transzendieren und einen Überblick einzunehmen, werden wir eine engstirnige Existenz führen und unfähig sein, weiter als bis zu unseren Ideen und den Vorstellungen von denjenigen, die nicht mit uns übereinstimmen, zu sehen.

## 5. Erkennst du, dass sich Einsicht auf den Standpunkt auswirkt?

Wenn sich eine Idee in unserem Geist festgesetzt hat, so kann dies in der Welt Schaden anrichten, wenn wir sie ständig und entschlossen anderen aufzwingen wollen. Das impliziert, dass für uns die Ideen anderer Menschen nur wenig zählen und unsere eigenen Ideen der Grund für die Existenz sind. In der Gewissheit, dass seine Sicht der Realität korrekt ist, wird das eingebildete Selbst in solch einer starren Position so fest zementiert, dass es die wirkliche Welt verdunkelt, die zum Hintergrund für die Verbreitung von Ideen wird. Heißen wir jedoch frisches Wissen und neue Einsichten willkommen und schenken dem gegenwärtigen Moment Achtsamkeit, dann können wir uns soweit entwickeln, dass wir ein Verständnis, das aus einer tiefen Verbindung mit dem Leben stammt, ausdrücken können.

## Unser Bewusstsein befreien

Der letzte Eintrag im Tagebuch von Etty Hillesum, den sie in ihrer Wohnung in der Gabriel Metustraat in Amsterdam am Samstag, den 14. Juni 1942, geschrieben hatte, lautet: »Ich habe versucht, dem Leiden der Menschheit gerecht und genau ins Gesicht zu schauen. Ich habe es ausgefochten, oder besser etwas in mir hat es ausgefochten, und auf einmal gab es Antworten auf viele verzweifelte Fragen. Alles lief reibungslos nach einem kurzen, aber heftigen Kampf, aus dem ich nur ein wenig reifer hervorging. Wir können nur hoffen, bescheiden zur Verfügung zu stehen und zuzulassen, selbst ein Schlachtfeld zu sein.«

»Schließlich muss das Problem aufgenommen werden, es muss irgendwo kämpfen und dann zur Ruhe kommen. Wir armen Menschen müssen ihnen unseren inneren Raum zur Verfügung stellen und nicht weglaufen.«

Etty Hillesum starb im Konzentrationslager Auschwitz am 30. November 1943. Hillesums Entschlossenheit, das Leben direkt zu konfrontieren und ihren »inneren Raum« den Problemen zur Verfügung zu stellen ist ein ergreifender und inspirierender Ruf für uns, die Anstrengung aufzubringen, die benötigt wird, um Terror und Leiden zu transformieren und damit unser Bewusstsein zu befreien versuchen. Dies trifft nicht nur auf Probleme und Leiden zu, die durch außergewöhnliche Ereignisse auftreten, sondern auch die alltäglichen, die oft durch unsere starre Denkweise und unseren verwirrten Geisteszustand verschlimmert werden.

Unsere Haltung dem Leben gegenüber ist überaus wichtig. Sie wird kleinlich, wenn sie voll verschiedener gegenseitiger Ideen ist. Wenn wir uns weigern, uns an eine bestimmte Idee zu klammern, können wir Bewusstheit, Liebe und Freiheit entdecken, die durch unsere Handlungen offenbar werden. Darüber hinaus leben wir in einem emotionalen und intellektuellen Gefängnis, das verhindert, dass sich unsere spirituellen Werte in unserem Alltag manifestieren. In unserer Konsumgesellschaft ist es einfach, in die Welt der Sprache, Namen und Konzepte vernarrt zu sein: Wir können von Gedanken und Worten gefesselt sein, als ob die Sprache die höchste Wahrheit der Dinge enthüllen könnte. In vielerlei Hinsicht ist es eine Traumwelt, ein Fantom, eine leere Formation, die als Schleier die unmittelbare Gegenwart verhüllt.

Wir glauben an die Vorstellung von Nationen und Regionen, Ost und West, hier und dort, als ob diese »Aufteilungen« tatsächlich existieren würden. Wir nehmen die Welt aus der engen Sicht des Selbst wahr statt mit reiner Bewusstheit, die wie ein Spiegel funktioniert und das Entstehen und Vergehen unparteiisch zeigt. Letzten Endes sind Nationen, Regionen und Gruppen Formen der Trennung, die das Selbst gebildet hat. Eine tiefe Antwort auf die Existenz taucht nur dann auf, wenn das Selbst nicht mehr der zentrale Referenzpunkt ist. Dann kommt die unteilbare Wahrheit selbst zum Vorschein.

Um diese Wahrheit zu finden, müssen wir oft mit unseren negativen Gewohnheiten kämpfen. Sogar inmitten von Wohlstand gehen wir gegen uns selbst vor und misshandeln zum Beispiel unseren Körper und unseren Geist durch Rauchen, Trinken oder durch Drogen. Wir können uns ablenken, indem wir wie verrückt Selbst-Genugtuung nachjagen, während wir gegenüber dem Leiden von anderen – nah oder fern – gleichgültig werden. Solch ein Lebensstil ist nicht bedeutsam. Es ist sicher besser, einen einzigen Tag mit Weisheit und Mitgefühl zu leben, als Jahrzehnte unseren latenten Tendenzen zu engstirnigem Eigeninteresse ausgeliefert zu sein. In unserer Gesellschaft lesen wir oft Interviews in Zeitschriften, in denen die Reichen und Berühmten ihre Probleme und ihr Unglück enthüllen. Im Licht von wirklichem Terror und dem Leiden, das er bringt, scheinen diese Klagen belanglos zu sein ebenso wie die triviale Suche, an der sich viele von uns beteiligen. Wir müssen uns freimachen von wirklich zwecklosen Prioritäten und unsere Menschlichkeit und geistige Großzügigkeit zum Ausdruck bringen.

Um Terror zu transformieren, müssen wir unser Bewusstsein von dem gefährlichen Seinszustand, der unser Leben auf dieser Erde vergeudet und ihre Ressourcen ausbeutet, befreien. Wir müssen die Stimme des Protestes erheben und sie gegen die Ausbeutung durch profitgierige Kräfte in unserer Gesellschaft richten. Genauso müssen wir gegen den Schaden protestieren, der anderen – als Selbsterhaltung verkleidet – zugefügt wird. Wir müssen bereit sein, mitfühlende Überzeugungen zu bewahren, damit das Herz zuverlässig bei seinen Werten bleibt und nichts die Kraft der Liebe zerstören kann.

Wir brauchen Inspiration und sollten zu denen Kontakt suchen, die in Liebe und Freiheit leben. Hört ihnen zu. Trefft sie. Verbringt Zeit mit ihnen. Lernt von ihnen. Wenn wir solche Menschen in der Gegenwart nicht finden können, müssen wir uns an Männer und Frauen in der Vergangenheit wenden, die Freiheit vor alles andere gestellt haben. Wir müssen von solchen großen Seelen in der Welt hören und über sie lesen. Wir müssen uns an ihre Worte erinnern und auf unsere eigene bescheidene

Weise danach handeln. Sie inspirieren uns, weil sie tiefem Terror gegenüberstanden und seine Leerheit erkannt haben.

Marie Kuderikova war eine solche Seele. Am 26. März 1943 schrieb Marie im Alter von 22 Jahren aus einem Gefängnis für politische Gefangene in Breslau in Polen einen Brief an ihre Eltern, nachdem sie für ihre Arbeit für eine illegale Organisation verraten wurde. Zwei Tage, nachdem sie den Brief geschrieben hatte, wurde sie von der Gestapo exekutiert. »Heute, am 26. März 1943, zwei Tage, nachdem ich 22 Jahre alt wurde, werde ich meinen letzten Atemzug machen. Ich hatte immer den Mut zu leben, zudem verliere ich ihn nicht im Angesicht dessen, was in der menschlichen Sprache Tod genannt wird. Ich würde gerne all eure Sorgen und euren Schmerz auf mich nehmen.«

»Heute ist ein wunderschöner Tag. Fühlt ihr so wie ich diesen Duft und diese Schönheit? Der nackte Nerv der Seele war gerührt von der Poesie des Alltäglichen, dem Geruch gekochter Kartoffeln, dem Rauch und dem Klappern der Löffel, den Vögeln, dem Himmel, lebendig zu sein – der alltägliche Pulsschlag des Lebens. Liebt es, liebt einander, lernt Liebe, verteidigt Liebe, verbreitet Liebe. Sodass ihr die Schönheit des offensichtlichen Geschenks des Lebens wahrnehmt, wie ich es tue – das wünsche ich mir. Sodass ihr fähig seid zu geben und zu bekommen. Ich habe keine Angst davor, was kommt. Ich habe ein Bedürfnis nach dem Guten, dem Erhabenen, dem Menschlichen verspürt. Mein ganzes Leben war wunderbar.«

Marie Kuderikova erlebte, was für die meisten von uns der schlimmste Terror ist: Exekution. Und sie blieb unerschrocken. Sie war mit dem »Mut zu leben« gesegnet sowie mit der Fähigkeit, die Trostlosigkeit von Breslau und ihrer Aussichten dort in eine strahlende Vision zu verwandeln, bei der die kleinen Dinge des Lebens und die alltäglichen Details Bedeutung haben. Ihr Beispiel kann uns inspirieren. Wenn wir Terror gegenüberstehen, dann können wir es verstehen. Und mit dem Verständnis können wir es verwandeln von etwas, das Gefühle von Wut, Hass und Rache in uns hervorruft, zu etwas, das uns dabei hilft, die Trennung zu heilen, vollkommen menschlich zu werden und einen Zustand des Freiseins, des Geliebtseins und des Verstandenseins zu erlangen.

## Meditation über Mitgefühl

Für die letzte Meditation dieses Buches scheint es angemessen zu sein, dass wir uns auf seine Kernbotschaft konzentrieren: Liebe und Mitgefühl kann unser eigenes Leiden und das von anderen transformieren. Lies diese Zeilen laut oder leise und verweile bei der Idee, dass eine persönliche Verpflichtung für Mitgefühl – wie wenig oder unzulänglich auch immer – Lichtstrahlen aussenden kann.

- Ich muss nicht sehr weit schauen, um Leid in der Welt zu sehen.
- Ich weiß, dass Mitleid nicht dasselbe wie Mitgefühl ist.
- Mitgefühl bittet mich darum, zu reagieren und Opfer zu bringen.
- Mitgefühl verlangt etwas von mir.
- Ich kann mein Wissen nicht ignorieren.
- Ich kann nur so mutig wie möglich reagieren.
- Ich kann anbieten, auch wenn es hart ist.
- Ich kann teilen, auch wenn ich mich dem widersetze.
- Ich kann etwas zum Ausdruck bringen, das zeigt, dass ich erwacht bin.
- Ich weiß, dass meine Gesten für andere nach nichts aussehen verglichen mit dem Leid in der Welt.
- Trotzdem handele ich, ohne jemals etwas zurückzuerwarten, und im Wissen, wie wenig es ist.
- Aber diese regelmäßig ausgedrückten Gesten der Liebe zeigen meine Menschlichkeit und erinnern mich daran, dass wir alle in diesem Lebensnetz miteinander verbunden sind.

# Danksagung

Ich möchte meine tiefste Dankbarkeit den Männern und Frauen in der ganzen Welt ausdrücken, die sich unermüdlich dafür einsetzen, Leid zu transformieren, sodass die Menschen mit Freude und in Würde leben können. Diesen Dienst betrachte ich als die edelste Form des menschlichen Handelns. Die Berichte, wie sich Menschen durch ihr Leiden gekämpft haben, spenden uns allen Einsicht und Inspiration. Ich hatte das Privileg, den Geschichten aus dem Leben von Menschen in vielen Teilen der Welt zuzuhören und darauf zu antworten. Junge und genauso alte Menschen teilen diese bemerkenswerte Fähigkeit des menschlichen Geistes, mit Würde die schwierigsten und verzweifeltsten Umstände durchzustehen.

Die Buddhalehre ist weiterhin der Haupteinfluss bei meinen Schriften. Ich möchte die Arbeit von Rawda Basir in Nablus in Palästina und Stephan Fulder in Clil in Israel für ihre Bemühungen anerkennen, um Frieden, Gerechtigkeit und Versöhnung zwischen diesen beiden Gemeinschaften herbeizuführen. Ich habe die neuen Berichte aus dem Mittleren Osten von Robert Fisk von der unabhängigen Zeitschrift geschätzt, in denen er seine tiefen Sorgen um gewöhnliche Menschen ausdrückt, die in ihrem Leben durch politische Entscheidungen Qualen erfahren.

Ich möchte allen danken, die an der Herstellung dieses Buches beteiligt waren, besonders Cathy Meeus und James Harper. Debbie Thorpe von Godsfield Press in England möchte ich dafür danken, dass sie mich darum gebeten hat, ein Buch zu schreiben, das intensives Leiden aus spiritueller Perspektive beleuchtet. Auch danke ich Brenda Rosen, die freundlicherweise den umfassenden Originalvorschlag für das Buch redigiert hat. Tausend Dank geht auch an Gill Farrer-Halls für ihre fein abgestimmten Fertigkeiten beim Lektorieren und ihren praktischen Rat zum Schreiben während der letzten zehn Jahre.

Ich möchte Nina Wedborn aus Stockholm für ihre hilfreichen Vorschläge für dieses Buch danken und meiner Tochter, Nshorna Titmuss, für ihre Hilfe als Sekretärin. Tiefe Wertschätzung für Hans Gruber und Anne Ashton für ihre Unterstützung und ihren Dienst für den Dharma.

Zum Schluss möchte ich all den Männern und Frauen danken, die ihr Leben widmen, um Weisheit und Mitgefühl angesichts von Terror auszudrücken. Wir können unsere Schuld an Dankbarkeit solchen Menschen nicht zurückzahlen.

# Weitere Titel aus dem Tushita Verlag

## Bhante Sujiva
## Die buddhistischen Herzmeditationen
### Verstehen, Liebe und Stille

Das Buch behandelt vor allem die klassischen buddhistischen Herzmeditationen der Liebenden Güte, des Mitgefühls, der Mitfreude und des Gleichmuts, wie sie im Theravada-Buddhismus gelehrt werden. Es bietet praktische Anweisungen und Lehren, die zur Verwirklichung dieser vier Brahma-Viharas (Göttlichen Verweilzustände) notwendig sind.

Broschiert, 176 Seiten, ISBN 978-3-86547-002-7

# Buddha Direkt: Tag für Tag

### Zusammengestellt von

## Christopher Titmuss

Die hier ausgewählten Zitate aus den Reden des Buddha für jeden Tag des Jahres können uns inspirieren sowie eine hilfreiche Unterstützung auf unserem Weg zur Freiheit des Geistes bieten. Wenn wir sie mit offenem Herzen lesen, werden wir nicht nur innerlich berührt, sondern es erschließt sich uns auch die Kraft der authentischen Quellen, wie sie seit Jahrtausenden überliefert sind.

Hardcover, 240 Seiten, zahlreiche farbige Abbildungen mit kraftvollen Fotos, ISBN 978-3-86547-005-8

Bhante Vimalaramsi
Klare Quelle – Tiefer FLuss
Die ursprünglichen Lehren des Buddha

Die ursprünglichen Lehren des Buddha werden von dem buddhistischen Mönch Bhante Vimalaramsi einfach und verständlich erläutert. Die Sprache ist zeitgemäß, doch die Lehren sind tief gehend und authentisch. Anhand des Anapanasati-Sutta, der Lehrrede über die Achtsamkeit auf den Atem, erklärt der Autor ein System, das er Ruhige Weisheits-Meditation nennt. Damit beschreibt er den Weg von den Anfängen bis zur vollständigen Befreiung, der jedem offen steht und zugänglich ist.

Broschiert, 168 Seiten, ISBN 978-3-86547-007-2

Tschogye Tritschen Rinpoche

Sich Lösen von den Vier Anhaftungen

Die Unterweisungen in »Sich Lösen von den Vier Anhaftungen«
werden allgemein als eins der Juwelen des tibetischen Buddhismus angesehen. Im vorliegenden Kommentar legt Tschogye
Tritschen Rinpotsche die grundlegenden Ausführungen der
authentischen Dharma-Praxis dar, wobei die unvermeidlichen
Fallen der Praktizierenden aufgeführt werden, und es wird ge-
zeigt, wie diese Fehler durch die Entwicklung einer angemesse-
nen Motivation beseitigt werden können.

Broschiert, 216 Seiten, ISBN 978-3-86547-001-0

Lama Jampa Thaye
Regen der Klarheit
Der Stufenpfad der Sakya-Tradition

»Regen der Klarheit« erklärt die Stufen des Pfades zur Erleuchtung im Verständnis der Sakya-Tradition, wie sie von den erleuchteten Meistern Sönam Tsemo, Sakya Pandita und Gorampa dargelegt wurden. Es handelt sich hier um einen der ersten Texte, der in einer westlichen Sprache geschrieben wurde und dabei die Qualitäten eines traditionellen Shastras besitzt. Die darin angesprochenen Themen sind zeitlos aktuell und wenden sich an die heutigen Praktizierenden des Buddhadharma.

Broschiert, 109 Seiten, ISBN 978-3-86547-006-5

# PAUENHOF e.V

## Non-Monastic
## Dharmasala

# www.pauenhof.de

**Pauendyk 1 • 47665 Sonsbeck Hamb**
**Tel. 02835-4489440 • info@pauenhof.de**